Sumário

1 - Início

2 - Ironias do destino

3 - Primeira ironia do destino: Peter e Paul

4 - Primeira resenha: Deus versus Diabo

5 - Segunda ironia do destino: Rafael

6 - Segunda resenha: Deus versus Diabo

7 - Terceira ironia do destino: Tom, Kate e Bill

8 - Quarta ironia do destino: Chris e Liam

9 - Terceira resenha: Deus versus Diabo

10 - Primeiro da Luma

11 - Quarta resenha: Deus versus Diabo

12 - Segundo da Luma

13 - Quinta ironia do destino: Luma

14 - Quinta resenha: Deus versus Diabo

15 - Sexta resenha: Deus versus Diabo

16 - Sétima resenha: Deus versus Diabo

17 - Milagre

18 - Oitava resenha: Deus versus Diabo

19 - Outras ironias do destino

Início

Acordei mesmo sem ter realmente dormido. Era como se eu estivesse fora do meu corpo. Não podia falar que eu flutuava, pois flutuar parece algo tão tranquilizador, leve, e eu não tinha tranquilidade nem leveza. Eu não estava feliz. Estava cansado, devastado e infeliz.

Mas não deixaria me comportar de tal modo. Não era orgulho, era apenas uma promessa feita.

A dor que preenchia meu corpo transbordava pela minha alma. Eu não tinha força para gritar como isso tudo era injusto. Mas eu não podia deixar transparecer. Era uma promessa feita.

Eu não podia quebrar uma promessa? Promessas não são feitas para serem quebradas?

Talvez eu estivesse apenas tentando arrumar uma desculpa para que eu pudesse quebrar a promessa, para poder me encolher em um canto e esperar que aquele vazio que tomava conta de mim fosse embora.

Mas era uma promessa feita.

Era domingo.

Eu deveria levar minha vida de modo alegre, normal e feliz. Essa era a promessa.

Saí da cama, tão cansado como se eu não tivesse deitado, tão bêbado como se eu não tivesse parado de beber, tão desmotivado como se meu segundo nome fosse depressão.

Vesti uma bermuda, camiseta regata e chinelo, para ir tomar café na padaria. Era o que eu fazia todo domingo. Esse não podia ser diferente. Era uma promessa.

Chinelo, bermuda e camiseta regata, café na padaria. Comprar um jornal na banca. Ainda costumo ler jornais. Antigos hábitos.

Não importava que aquele domingo fosse diferente. Não importava que as circunstâncias não fossem as mesmas. Eu deveria continuar. Era uma promessa.

Não importava que aquele fosse o dia do funeral do meu amigo.

Funeral do meu melhor amigo.

Funeral do cara que acompanhou os melhores e os piores momentos da minha vida.

Funeral do cara com quem dividi CDs, garotas, músicas, bebidas, shows.

Eu tenho que seguir. Era uma promessa feita justamente a ele.

Ele lutou, mas foi vencido pelo seu coração envenenado.

Ele queria que eu continuasse em frente.

Ele, que foi meu irmão mais velho, meu protetor. Até para me proteger da sua própria morte.

Eu estava triste de verdade, devastado.

Mas era uma promessa que ele pediu para eu fazer ainda no hospital.

No dia em que fiz a promessa, eu o havia encontrado no hospital. Naquele dia, eu chorava enquanto olhava perplexo para ele. Como é que ele vinha me falar de futuro, de filhos, de vida, se ele sabia que deixaria tudo isso para trás? Se ele não poderia mais participar do futuro? Como ele podia falar de filhos?

– *Já sei. Diga ao seu filho que fui o melhor guitarrista que você conheceu! Diga que eu tocava e cantava como um astro. Ensine a ele tudo sobre Ramones, tudo sobre rock. Conte nossas histórias.* – Disse ele.

Eu apenas chorava, perplexo. Eu, que deveria consolá-lo e ajudá-lo, estava sendo ajudado, mais uma vez, por alguém que sempre me ajudou.

Era estranho saber que aquele seria o seu leito de morte e que ninguém podia fazer nada. Ele parecia tão bem. O olhar dele era vivo. Era feliz. Que mundo injusto. Que hora triste, essa de quando a morte chega.

Na última visita que fiz a ele, depois que me despedi, já na soleira da porta, ouvi-o dizer.

– *Viver com você...*

– *Oi?* – Perguntei, tentando entender o significado daquilo.

E, sorrindo, ele completou:

– *Foi foda! Viver com você foi foda.*

Saí, sabendo que era apenas uma maneira de resumir nossa vida de aventuras e desventuras de jovens roqueiros e bêbados. Ele estava em paz com a vida que havia levado. Morreu algumas horas depois.

Ele perdeu a batalha. O coração envenenado dele não aguentou o tranco.

E, agora, volto para casa, preparando-me para enterrá-lo, sabendo que eu tinha a promessa de continuar a levar a vida foda para caralho que levávamos. De ser feliz.

Eu tenho que cumpri-la. Ele fez milhares de milagres por mim. Sim, milagres.

Ele não era Jesus, mas fazia a água virar vinho; às vezes, vodca.

Graças a ele, cresci feito um homem. Crescemos de modo a nos ajudar, a sobreviver à selva de pedra, a seguir aquilo que sonhávamos, e, quando um perdia a força, o outro estava lá.

Éramos uma boa dupla.

Falávamos tantas besteiras, ficávamos discutindo por horas coisas sem nexo, como, por exemplo, pelo que cada um venderia a alma.

Ele disse que venderia a sua alma para ter comido a professora dele da quinta série. Contei que venderia a minha alma para ter ido ao show dos Ramones. E nem precisava ter ido longe. Eles já haviam tocado na minha cidade, em Santo André, no dia 10 de outubro de 1996, no Clube Atlético Aramaçan.

Ramones, um dos ícones do rock, os pioneiros de toda uma cena musical.

Claro, eu não poderia ter ido, pois era o dia do meu nascimento.

Acho que a classificação etária não me deixaria entrar. Acho. Mesmo assim, pensar nisso me fazia achar que eu havia deixado escapar uma oportunidade única na minha vida. E nada me fazia mudar de ideia. Era algo que eu nunca mais poderia concretizar. Apesar de ridículo, era assim que eu me sentia.

Ramones, banda punk rock de Nova York, formada em 1974, sempre por quatro integrantes, teve diversas formações. No total, oito músicos já passaram por ela.

A banda acabou mesmo em 1996, justo o ano em que nasci. E, no seu último ano de existência, eles estiveram tão perto de mim, tão perto. Mas eu nunca mais poderia vê-los, pois Joey Ramone morreu em 2001, de câncer; Johnny Ramone, em 2004, também de câncer; Dee Dee Ramone, em 2002, devido a uma overdose de heroína; Tommy Ramone, em 2014, de câncer. Elvis Ramone, Marky Ramone, CJ Ramone e Richie Ramone estavam vivos até, pelo menos, o ano de 2016.

Denis, de sobressalto, correu pela casa dele, cabelos loiros, longos e sujos balançando de um lado para o outro. Gritava feito um louco, e a alegria transbordava dele. Sentia-me tão ridículo, sendo zoado por ele. Era apenas uma decepção não ter visto a banda ao vivo. Ele sabia como os Ramones eram importantes para mim, para ele, para nós.

Ao voltar, eufórico ainda, com os olhos em êxtase, jogou um cobertor grosso sobre minha cabeça.

— *Denis, caralho, o que você está fazendo?*

— *Quieto, Luiz. Vai começar.*

— *Começar o quê?*

Então, ouvi aquele barulho distinto de um VHS entrando no videocassete.

Eu ouvia, no escuro, debaixo do cobertor, a multidão tensa, aclamando o silêncio, aquele silêncio gritante que anuncia o começo de um show. Logo em seguida, percebi que a banda entrava no palco. E, então, veio o grito: "one, two, three, four!".

Denis fez com que eu ficasse ali, de pé, com um cobertor na cabeça, sem ver nada, com calor, por duas horas, duas horas de show, de vídeo. Ele aumentava o som no máximo e gritava:

— *Você está em Santo André. É Ramones! Pula, porra!*

E eu pulava. Realmente pulava. No começo, porque percebi que ele queria que eu me sentisse no show. Mas, na terceira música, eu já pulava e cantava porque eu estava num show dos Ramones. Sabia que não era real, mas era.

Esse era o tipo de coisa que fazíamos um pelo o outro: simples e, ao mesmo tempo, complexas.

Eu só não conseguia cuidar do coração dele do mesmo jeito que ele cuidou do meu.

Ironias do destino

Tão irônico quanto Kurt falar que não tinha uma arma.

Quantas maneiras existem para morrer? Quantas?

De quantas formas diferentes pessoas já morreram?

Quantas maneiras diferentes e estranhas de morrer...

Algumas são incomuns. Há diversos motivos, fatores, circunstâncias... Envenenamento: nem sempre de propósito, nem sempre constatado. Arsênico: o mais famoso dos venenos, encontrado no cobre e no chumbo.

A primeira reação ao envenenamento é o vômito, que normalmente ocorre tarde demais para evitar o estrago.

Há, também, acidentes, doenças, desastres, quedas de avião, até em dias inimagináveis, como o carro que atropela o padre e o noivo na porta da igreja.

Alergias. Alergia a camarão: inchaço nos olhos, coceira na língua, na garganta, até que tudo isso evolui para a anafilaxia ou óbito, em minutos.

Erros médicos.

Remédios falsos. Placebos. Há as pessoas que utilizam remédios falsos achando que as dores de estômago relatadas pela sua filha de 7 anos são falsas, uma frescura, quando, na verdade, a menininha morre depois que os médicos descobrem a infecção alimentar violenta que a leva para o além.

Pessoas morrem cedo. Casamentos acabam cedo. Mas tudo bem, porque, hoje em dia, as pessoas não aguentam ficar muito tempo juntas.

John Bowen foi atingido por um cortador de grama em 1979.

Há quem já lançou um míssil contra si mesmo.

Clement Vallandigham demonstrou como alguém pode cometer um suicídio e atirou em si mesmo.

John Kendrick foi homenageado. Lançaram uma bala de canhão em sua homenagem, e ela o acertou.

As pessoas morrem. Falam que essa é a única certeza da vida, não?

Todos morrem. Ana, Adriana, Maria e Sandra, Antônio, Juliana, Carlos e João, José, Fábio, Ricardo, Camila e Jéssica. Todos morrem. Acidentes e incidentes. Não é só o Zé ninguém que morreu na esquina. Pedro morreu atropelado pelo seu chefe, que saiu impune, e nem por isso deixou de morrer. Todos morrem.

Infarto.

Pneumonia.

Câncer.

Diabetes.

Muitos motivos. Muitos morrem, alguns ainda ficam... O pulso ainda pulsa...

****

Quando Denis ficou sabendo do problema, não levou muito a sério. De começo, havia sido apenas uma tontura e um desmaio que nos renderam piadas, como se ele apenas tivesse a intenção de reiniciar a máquina. Achávamos que era por ele ter bebido e fumado muito. Mas, aí, veio o diagnóstico.

Sopro no coração é o nome de um ruído que pode ser ouvido no peito. Simples assim. É o resultado do sangue que passa através de uma válvula cujo orifício é menor do que deveria, causando, assim, a insuficiência. Não é algo grave por si só e pode apenas demonstrar um sintoma. Foi isso que falaram para o Denis.

Mas, uma semana passou, e ele piorou. Não conseguia respirar direito e tinha espasmos que os médicos começaram a achar que poderiam se tornar pequenos infartos. A princípio, ninguém falou em infarto agudo do miocárdio, muito menos que isso causaria morte súbita.

Todos estavam alarmados. Os médicos não sabiam como tratá-lo. Era um menino tão novo... Ninguém deveria ter problemas no coração aos 19 anos.

E hoje estou aqui, em um domingo esperando o funeral do meu melhor amigo.

Voltei para casa depois de tomar o café na padaria e comprar o jornal. Comecei a me arrumar para o funeral. Funeral do meu melhor amigo...

Eu teria 3 horas até o funeral. Então, comecei a beber. Beber muito.

Sabia que, na sala do funeral, devia haver um silêncio mórbido. Acho que isso deve ser normal nessas ocasiões.

Eu sabia que a mãe de Denis, que tinha histórico familiar de doenças no coração, não aceitava remédios e não iria nem dormir até que seu filho fosse enterrado. Sabia que muitos estavam preocupados com ela, com medo de ela partir dessa para uma melhor junto de seu filho, mas acho que não era o que ninguém queria, fazer um funeral antes mesmo de acabar o primeiro. Eu a conhecia bem. Sabia, antes mesmo de chegar ao funeral, que ela não iria gritar, ficar em prantos, comer, nada, ela só iria enterrar o seu garoto.

Peguei meu carro e dirigi até o cemitério. Mesmo bêbado, vi a sala do funeral da rua, que ficava próxima à avenida principal, uma avenida como qualquer outra que fica perto de um cemitério, com diversas lojas de flores. Uma dessas avenidas em que os carros diminuem a velocidade em sinal de respeito, dessas que os carros diminuem o som do carro, em sinal de respeito.

Mas esse não é o meu caso, não o meu carro. E não é falta de respeito. É o funeral de meu melhor amigo, e, graças a Deus, hoje só há um funeral sendo feito nesse cemitério.

Cheguei e parei em frente à sala de funeral. As pessoas me olharam feio, chegaram a me olhar com raiva. O carro não era o problema. O problema era a música.

A música estava tão alta que encobria os demais carros que passavam na rua, sons e lamentos.

Música, não. Como muitos diriam, barulho. Ensurdecedor.

Cheguei assim ao enterro, bêbado e ouvindo uma música muito alta. Vi que as pessoas que me olhavam. Quem me via de dentro da sala devia me odiar.

Falta de respeito com os vivos.

Falta de respeito com os mortos.

O olhar acusador de todos deu lugar ao olhar raivoso de alguns.

De dentro do carro, avistei a mãe de Denis. Ela estava em cima do caixão, parecia que não dava espaço para as outras pessoas que queriam se despedir. Imaginei que ela devia ter ficado o tempo todo assim.

Vi as pessoas se aproximarem dela, e muitos deles olhavam para mim, me incriminando. Tentavam criar uma proteção, para que ela não visse essa falta de respeito com o filho dela.

Vejo um dos familiares, talvez um tio de Denis, precipitando-se para perto de mim, pronto para tomar as devidas providências. Fiquei sem me mexer, mas, antes que ele chegasse perto de mim, ele foi levemente puxado por uma outra mulher. A mulher o segurou e apontou para a mãe de Denis, que estava esboçando um sorriso. As lágrimas dela ainda escorriam, mas, sim, era um sorriso.

Fui para perto dela.

– *Dona Carmem, é Ramones!* – Gritei, bêbado. – *Ramones, Dona Carmem! Poison Heart, sabe, significa coração envenenado!* – Gritei enquanto chorava mais. Minhas lágrimas também caíam.

Dona Carmem se afastou do caixão de vez. Alguns olhavam, preocupados, sem saber o que estava acontecendo.

Ela saiu. Seu tom de pele, pálido até então, ganhava uma leve corada. E me olhando, ela respondeu:

– *Eu sei, Luiz, é Ramones. Tem que ouvir alto. Lembro das broncas que eu tomava por abaixar o volume.*

Nos abraçamos e choramos juntos.

É errado? É. Mas é assim que vou enterrar meu amigo: bêbado e ouvindo música alta.

Se isso não é algo bonito para você, pare de ler.

Dona Carmem voltou para todos na sala.

– *Acho que podemos enterrar o meu filho. Ele vai descansar.*

Enterrar alguém é algo estranho, assim como participar dessas despedidas. Eu, ao menos, sempre fico pensando o que o morto falaria, como ele agiria, se pudesse. Sabe, como nos aniversários, quando cantamos parabéns, todos olham o aniversariante. O que vocês fazem quando estão no lugar dele? Batem palma? Cantam junto? Apenas sorriem e acenam? É uma situação estranha.

E o morto? Ver quem chora, quem não chora, quem foi até o caixão e tocou na pele fria e gelada dele... É uma situação estranha.

Voltando para casa, eu continuei tentando seguir minha promessa. Teria que continuar.

Aquele abraço da mãe de Denis, de certa forma, me confortou. Alguém sentiria mais a falta dele. Eu não estava na pele de quem sofreria mais. Pode ser egoísmo pensar assim, mas é um fato. Nenhuma mãe deveria enterrar seu próprio filho.

Ao entrar em casa, me senti pesado. Acho que finalmente a bebedeira daria lugar ao sono.

Tirei a bermuda, a regata e o chinelo. Falta de respeito enterrar alguém assim. Aposto que, se você perguntasse ao morto, ele diria que não era.

Deitei no sofá. Já que eu não ia tomar banho, também não deitaria assim na minha cama. Adormeci quase que imediatamente. Só deu tempo de dizer:

– *Adeus, Denis. Foi foda viver com você. Obrigado.*

A segunda-feira amanheceu diferente de tudo o que eu já havia vivido. Parecia que eu estava em um novo mundo. O silêncio estava diferente, os barulhos que vinham da rua estavam diferentes. Nada era como era antigamente, nada estava como sempre esteve, nada era o que costumava ser.

Acho que, em parte, era pelo fato de eu acordar no sofá. Sabe, como quando você acorda em um lugar no qual não está acostumado a acordar, quando o cérebro demora a entender onde você está, o que você precisa fazer e quais foram os últimos acontecimentos?

Por outro lado, era a primeira vez que eu sentia falta de alguma coisa na vida.

Levantei-me, sentindo-me bem, novo, renovado, com a certeza de que eu teria que cumprir uma promessa que só me faria bem.

Mas qual era essa promessa? Para quem era mesmo?

Então, os últimos acontecimentos vieram à minha mente.

Lembrei-me do enterro, do funeral, da visita ao hospital, da notícia da doença, do Denis me falando que não era nada sério, das nossas bebedeiras, da gente tocando junto em um festival de bandas, da gente aprendendo a tocar juntos, da gente juntando dinheiro para comprar os CDs de nossas bandas.

Notei que meus batimentos cardíacos dobraram de velocidade em segundos.

Engraçado pensar nisso e lembrar que foi o coração que levou meu amigo daqui.

Por um momento, parece que posso correr até a casa dele e contar sobre tudo isso. Mas não posso.

Como quando pesquisamos sobre a morte do Kurt Cobain. Como quando, em vez de brincar, ouvíamos aqueles discos e explicávamos tão veemente para nossas mães que não poderiam abaixar o volume. Valia a pena perder um pouco da audição por um pouco mais de alegria na alma.

Dia oito de abril de 1994. Kurt Cobain fora encontrado morto em sua casa. Havia uma espingarda, havia uma carta de suicídio, não havia uma cabeça.

É, suicídio.

O líder do Nirvana. Ele não queria ser o dono de toda aquela atenção, ele não concordava com todo aquele endeusamento sobre ele. Ele havia sido mal interpretado. Ele havia aceitado o seu vício em heroína para suportar as dores estomacais. Ele encontrou uma esposa e teve uma filha, mas tinha desistido. Ele a deixou viúva, ele a deixou órfã. Mais que isso: deixou milhares de órfãos.

Ele havia partido, mas tínhamos tanto dele por aqui, havia tanto dele dentro de nós. Acho que muitas pessoas deixaram de se suicidar por suas músicas. Ele havia feito aquilo por todos nós, ele havia morrido por todos nós. Pegamos um pouco do sofrimento dele, e muitos haviam decidido apenas ouvir o legado dele.

Mesmo tanto tempo depois, ele ainda estava vivo aqui. Em 2006, a revista Forbes listou as celebridades mortas que mais lucraram naquele ano. Kurt ficou em primeiro lugar, com quase cinquenta milhões de dólares. Mas não era o dinheiro que ele queria. Em sua carta de suicídio, ele explicou tudo.

Ela foi escrita para Boddah, seu amigo imaginário de quando era criança. e terminava com uma declaração de amor à mulher e filha:

"Frances e Courtney, estarei em seu altar. Por favor, vá em frente, Courtney, por Frances. Pela vida dela, que vai ser bem mais feliz sem mim. EU TE AMO, EU TE AMO!"

Kurt era um suicida com um senso de humor muito bom, apesar da sua depressão. Muitas vezes, com um spray, saía pela cidade onde morava, pichando paredes com a frase "Deus é gay". Será que um dia ele descobrirá se essa frase é real? Normalmente, suicidas não vão para o céu.

Encontrei o jornal de domingo ainda dobrado, como se fosse novo, mas com notícias já velhas. Hoje, tudo muda tão rápido que o que você lê em um jornal de ontem pode não ser mais parecido com a realidade.

Hoje, o mundo é tão instável, tão instantâneo, tão estranho, tão rápido. Mas por que não ler?

Primeira página: o de sempre. Países lutam uma guerra interminável. Uns dizem que é pelo dinheiro, outros, pela fé, e pessoas vão se matando por aí. Todos falam que querem a paz, mas matar pela paz deve ser o mesmo que foder pela castidade.

Problemas políticos, corrupção, esportes, futebol, acidentes de carros, mortes, notícias irrelevantes sobre celebridades irrelevantes.

Compro o jornal por hábito. Às vezes, é legal se distanciar do computador, do tablet, do celular. Mas admito que, hoje, as informações do impresso são tão iguais às de sites de notícias que, às vezes, é mais fácil ir nesses sites, porque eles colocam o mais importante em destaque. Como o mais importante, leia "aquilo que eles querem que você leia".

Alienação. Indiferença aos problemas políticos e sociais.

De uma forma mais bela, quando o ser humano se afasta de sua natureza, torna-se estranho a si mesmo, age de forma antagônica aos seus interesses.

Vou folheando o jornal, sabendo que nada será interessante, não hoje, não agora.

Surpresa. Fatos inesperados e imprevistos não são anunciados previamente.

O jornal marca domingo, 8 de maio de 2016. Ainda faltam 237 dias para acabar o ano.

Algo realmente chama a minha atenção no meio de todo aquele monte de bosta: um logo, um fundo preto, um círculo branco, uma águia segurando um ramo em uma das garras e um taco de beisebol na outra.

Era o logo dos Ramones. Originalmente, ele foi baseado no selo da Casa Branca.

Nada demais, afinal, mas aquilo me chamava a atenção. Um logo ao lado de notícias sobre política, nas quais a direita atacava a esquerda, e a esquerda atacava a direita, que se defendia da esquerda e contra-atacava a esquerda.

Era um lugar estranho para um logo dos Ramones. Apenas uma banda cover promovendo o show de sua banda.

Acho que posso ir. Afogar as mágoas, liberar as tensões. Quem sabe, ver garotas roqueiras bonitas. Uma homenagem ao Denis, uma homenagem a mim. Uma homenagem aos Ramones.

Não, acho que não. Se não fui com eles todos em vida, acho que não seria a mesma coisa ver garotos fingindo ser o que não são. Nada contra os covers, mas eu precisava de mais do que isso para me tirar do meu luto.

Pego uma cerveja. Na segunda de manhã, ela tem o mesmo sabor que sexta à noite.

Dou uma última olhada no jornal, no logo, e coloco o jornal na mesa.

Tenho que ir trabalhar, estocar alimentos e bebidas em uma rede de supermercados. Era isso ou ir viver com meus pais em Sorocaba, interior de São Paulo, onde pão francês é "filaozinho", e cachorro-quente se chama "cachorrão".

Ao menos, no meu emprego, posso ficar o tempo todo com um fone de ouvido, ouvindo o que eu quero, e ninguém nota se bebi ou não uma cerveja pela manhã.

Primeira ironia do destino: Peter e Paul

1977 – 24 de julho – Dallas, Texas, EUA

O dia demorava a passar. Acordei cedo, e a comida não descia.

Levei o carro para o posto e enchi o tanque. Dei mais uma volta, para ter certeza de que ele não me deixaria na mão. Hoje, precisarei dele mais do que nunca, até mais do que a vez em que ele não conseguiu me levar até o motel, parou a duas quadras, e nada que eu fizesse fazia com que ele pegasse. Nada que eu falasse fazia Lizzy pegar no meu pau. Lizzy foi embora, e fiquei realmente na mão.

O relógio marcava 8 horas da manhã. Nem meus pais tinham acordado ainda. Quando achei que estava exagerando na ansiedade, Peter bateu na minha porta.

– *Paul, Paul, Paul, Paul, Paul! Estou acordado desde 5 da madrugada! Paul, Paul, Paul!*

Era o dia do show das nossas vidas. Ansiedade era pouco para descrever o que sentíamos. Era insano.

Insano: aquele que não está no domínio de suas faculdades mentais, louco, demente.

Esperava por aquilo há meses. Já tínhamos os ingressos, a roupa separada e tudo checado umas vinte vezes. Só precisávamos esperar agora. Como era difícil esperar.

Peter, já pronto, estava completamente acelerado. Vestia uma camiseta preta, cinza de tanto usar. Bebia cerveja para relaxar e, a cada gole, oferecia outro a mim.

– *Tome, Paul, para relaxar.*

Eu precisava daquele gole, mas, hoje, só beberia após estar dentro do show. Nada poderia me atrapalhar hoje. Eu estava focado.

O carro era a única preocupação séria. O caminho já estava traçado no nosso mapa de papel. Tudo calculado. Uma rodovia e duas interestaduais. Coisa simples. Depois, era só seguir os rockeiros pelo caminho.

O relógio marcava 11 horas.

Peter me convenceu a levá-lo à loja de bebidas para comprar mais cerveja. Assim, testaríamos o carro mais uma vez e faríamos o tempo passar um pouco mais rápido.

Entramos no carro, e notei que Peter estava com uma latinha de cerveja na mão.

– *Jogue fora. Se encontrarmos algum policial no caminho, ele apreende o carro, prende a gente, e, então, adeus, show.*

Peter nem questionou e jogou a latinha pela janela.

Girei a chave na ignição. Nada.

Ficamos estáticos.

Girei novamente. Senti a máquina vibrar, escutei o motor roncar e notei Peter voltar a respirar.

Não comentamos o susto. Parecia que, se falássemos disso em voz alta, o carro poderia escutar e falhar de novo.

Na loja de bebidas, não desliguei o motor, não saí do carro, não admiti estar com medo do carro.

Voltamos mais rápidos do que fomos.

O relógio marcava 13 horas.

Tomei banho, sentei na mesa, esperando o almoço. Meus pais riam da nossa ansiedade.

O relógio marcava 15 horas.

Comemos, tentando sentir o gosto da comida, mas só sentíamos ansiedade.

A tarde demorou mais ainda para passar.

O relógio marcava 18 horas.

Corremos para o carro. Entrei. Guardei os ingressos.

Chave na ignição. Girei. O carro pegou!

Peter deu um soco no ar de comemoração. Partimos.

As luzes dos outros carros ficavam mais fortes conforme o sol ia se escondendo. Caía uma garoa fina.

O relógio marcava 19 horas.

Entramos na rodovia principal. Mais uns 30 minutos, e estaríamos no show.

Comecei a relaxar. Tudo estava dando certo.

Acho que o carro notou minha tranquilidade. Fui o primeiro a notar que o carro estava engasgando.

Um, dois trancos.

Silêncio, aflição.

Aflição, ânsia, agonia, angústia.

O motor perdeu a força.

Ajeitei-me no banco, bombeando o acelerador.

Os carros ao redor nos ultrapassavam. Caminhões voavam ao nosso lado.

Com as bombeadas, o carro reagiu e ganhou velocidade. Tudo de volta ao normal.

Mas, antes que pudéssemos comemorar, novos trancos.

Coloquei-me à frente do banco novamente, como se aquilo fosse aumentar a força do acelerador.

O carro continuava com uma velocidade considerável.

Abaixo do banco, havia uma manivela que ajustava a distância entre o banco e o volante. Precisava me colocar um pouco mais a frente. Soltei a alavanca.

No manual do carro, não tinha nada que dissesse para não ajustar o banco com o carro em movimento. Mas deveria, acho.

Ao puxar a alavanca, o banco foi completamente para trás. Eu já não alcançava volante, acelerador e freio.

O carro começou a invadir a outra pista. Peter gritava, e eu gritava mais alto, tentando ir para frente. Sem sucesso.

Ele tentou segurar o volante. A diferença entre segurar, puxar e virar o volante é grande, e seu resultado também.

O carro já não estava indo mais para a outra pista. Ele simplesmente voltou duas pistas de uma vez. Um daqueles caminhões que passavam a toda ao nosso lado não desviou e nos acertou em cheio.

Já não havia mais trancos, não havia mais gritos, não havia mais vida.

O relógio marcava 19:30.

****

O dia no trabalho passou de forma tranquila. Ninguém notou minha ressaca, ninguém falou comigo. Todos respeitavam o meu luto.

Luto: sentimento de tristeza profunda pela morte de alguém.

Eu notava uma inquietação ao redor. Talvez, as pessoas estivessem preocupadas comigo, curiosas, ou, talvez, apenas quisessem me consolar.

Metade do tempo em que a maioria das pessoas usa fone do ouvido serve apenas para afastar as outras. Comigo não é diferente. Durante metade do tempo, nem estou ouvindo nada, apenas criando uma barreira antissocial.

Perto das 18 horas, preparo-me para ir embora.

No caminho de volta, noto que não apenas meus colegas de trabalho estão inquietos. A maioria das pessoas está, como se estivesse acontecendo algo no mundo.

Um ataque terrorista, um terremoto?

Ligo o rádio para ouvir notícias. Comercial na rádio. Mudo para a Kiss. Ramones, que sorte a minha.

Acaba a música, comercial.

Mudo para a 89. Ramones novamente.

Coincidência, igualdade, identidade de duas ou mais coisas.

Chego em casa. Largo celular e carteira na mesa da cozinha. Preciso de um banho, de lavar o corpo e a alma. Ligo a TV do quarto de modo que eu possa escutá-la do banheiro. Tiro a roupa.

O repórter comenta sobre uma possível pegadinha que mexe com o mundo:

– E o que mais cedo foi divulgado como um erro de comunicação dos principais jornais do mundo mostrou ser uma grande pegadinha feita por uma pessoa, ou um grupo de pessoas. Ainda que ninguém tenha reivindicado a graça feita, o anúncio de um show da banda já inexistente, os Ramones, mexeu com o mundo todo. O boato do show é o novo viral da internet. Enquanto esperamos mais informações e revelações sobre essa pegadinha, vamos torcendo para que não seja algo promovido por brasileiros, que tanto assombram a internet.

BR HUEHUE.

Fico pensando na notícia e lembro de que também vi o anúncio no jornal, mas que não dei tanta importância.

O âncora termina o jornal, dizendo que a pegadinha pode não passar de algum golpe publicitário.

Desligo o chuveiro, e a novela começa. Enquanto me seco, vou em direção à TV, para trocar de canal.

– Vamos assistir ao show, cara. Ramones!

Olho para a TV e não sei de onde vem a voz que acabo de ouvir.

Primeira resenha: Deus versus Diabo

Estamos cientes de algumas coisas. Sabemos sobre Deus.

Deus decide as coisas da Terra, claro, é o ser onipotente, onipresente, onisciente e tal. Mas, sabe, Ele curte trocar uma ideia sobre as coisas que decide e sobre o que a humanidade faz.

Deus foi um cara muito solitário, sozinho. Se não por isso, por que ele teria criado alguma coisa como o ser humano?

Não adiantava também conversar com qualquer um.

Anjos.

Deve ser chato conversar com os anjos. Parece que eles aceitam tudo que Ele acha. São tipo os puxa-sacos do chefe, saca? É como conversar com alguém que torce pelo mesmo time que o seu.

É tão mais legal trocar uma ideia com o Diabo, que atormenta e provoca Deus.

Deus, esse Ser Supremo, o criador, o cara foda, falando com o Diabo. Parece estranho?

Diabo, o caluniador, a representação do mal, expulso do céu pelo próprio Deus, o anjo mau. Ele, que aparece a serpente de Adão e Eva, que tem o seu próprio reino, o inferno, ele, chamado de Belzebu, Lúcifer, Satã, Capeta, entre outros nomes.

Mal sabemos quantas conversas esses dois trocam entre uma cerveja e outra, entre uma taça de vinho e um cigarro, um uísque e um charuto.

Segunda ironia do destino: Rafael

1991 – 4 de maio – Porto Alegre, Rio Grande do Sul, Brasil

Acordar em um local desconhecido, meio fedido, desarrumado.

Olhar para o lado e ver uma coisa que você não chamaria de mulher.

Pelo tamanho, aquilo poderia ser três mulheres.

O desespero bate, só não mais do que o martelo que está batendo dentro da minha cabeça, atrás dos olhos.

Você tenta descrever o local, a situação e o monstro.

Um quarto onde a privada fica praticamente ao lado da cama. O espelho rachado no teto. Toalhas brancas, já amareladas, jogadas no chão.

É, é um motel de quinta categoria.

A dor de cabeça. O gosto amargo e, ao mesmo tempo, azedo na boca. A luz que ofusca os olhos. A falta de lembranças recentes.

É, é uma ressaca.

O monte de gordura pelado, com três selvas de pelos, duas debaixo de cada braço e uma no meio das pernas, e sua consciência arruinando seus pensamentos informam que você comeu aquilo.

Lembro-me imediatamente da frase célebre de Lemmy Kilmister, baixista e cantor inglês da banda Motörhead, um gênio: "nunca fui para cama com uma mulher feia, mas acordei com algumas delas".

Sinto inveja do Lemmy. Aquilo não era uma mulher feia, era um monstro gordo e peludo.

Consigo levantar sem acordar aquilo.

Ainda não lembro de onde vim nem aonde iria.

Pego o celular, olho a tela e noto que não é o meu.

Uma voz carregada pelo uso excessivo de cigarro fala comigo.

– *Esqueci de falar para você ligar para o seu amigo.*

– *Amigo?*

– *O que ficou com o seu celular.*

– *Ah, pode ligar para ele, por favor?*

– *Claro, Rafa.*

A voz de nicotina me chama de Rafa. Por que ela me conhece?

O telefone começa a tocar. No visor, aparece que a ligação é para o "Igor – Show Ramones".

Lembranças me vem à mente.

A cada toque, uma nova lembrança.

O vinho barato na garrafa de plástico.

A vodca sem dosador, mais falsa do que qualquer dieta que essa gorda já fez.

A cerveja quente.

O show que eu tanto esperava.

Meus amigos e eu na fila.

A procura por maconha, qualquer baseado para dar um trago antes do show.

O grupo de gordas fumando bem à nossa frente.

Meu amigo Igor insistindo para eu ir arranjar maconha com elas.

Enquanto a fila anda, a gorda começa a me agarrar. Parecia que iria transar comigo na fila mesmo.

Igor trocando o telefone com a gorda, para que a gente não se perdesse, dando três tapinhas no bolso da minha calça, onde estava meu ingresso.

O telefone tocando.

Olho ao redor, vejo minhas roupas, vejo a calça, no bolso, o ingresso intacto.

O telefonema é atendido.

– Você perdeu o show?

****

Na TV, está passando novela.

Não tem mais ninguém na minha casa, e juro para você que a voz parecia do Denis.

Desligo a TV, enrolo a toalha na cintura, prestes a prendê-la...

– Vamos ao show, cara. Ramones!

Denis está parado na minha frente, transparente, com um sorriso no rosto. Cabelos loiros e longos.

Não grito. Paro de respirar. Minha toalha cai. Olho para o chão, onde ela está. Ao olhar novamente para frente, não vejo mais nada. Olho de novo para a toalha no chão e volto a respirar.

– Bunda peluda, cara. Vamos ao show!

Agora, a voz vem de trás de mim.

Dessa vez, grito e paro de respirar novamente.

– Eu que deveria me assustar com essa bunda, e você que grita?

Fecho os olhos e conto até oito, o máximo que consigo segurar até abrir os olhos mais uma vez. Quando o faço, Denis está olhando para mim.

Fecho. Oito.

Abro. Denis olhando para mim.

Corro até a porta do quarto e a fecho.

Um período de silêncio.

– Espero que essa correria seja apenas para você se trocar e me poupar de ficar vendo você pelado.

Procuro meu celular, mas lembro que ele está na cozinha.

O silêncio me deixa desesperado.

– Ramones, cara!

O barulho me deixa transtornado.

– Me deixa! Some daqui!

Silêncio.

– Ainda pelado?

Denis aparece na minha frente.

– Saia da minha casa! Eu não te convidei, não deixei você entrar!

– Você já me convidou várias vezes, e outra: não sou um vampiro. Eles nem existem.

Sinto a pressão caindo e o chão se aproximando.

O frio me acorda. O chão frio começa a incomodar. Por um momento, acho que estou acordando de outra bebedeira.

Antes que eu me lembre do que houve, ouço a voz que não queria ouvir:

– Peladão no chão!

Levanto, sem olhar na direção da voz. Vou até a gaveta, pego uma cueca e começo a me vestir, como se aquilo fosse calar a voz. Quando termino, de relance, vejo que Denis continua lá, com um sorriso no rosto. Viro de costas para ele. Saio do quarto. Antes de olhar para ele, pego minhas coisas e corro para fora de casa. Vou para o bar.

Bar cheio. Encontro um canto vazio, peço um uísque, viro em um só gole e, depois, peço um balde com três cervejas. Viro o primeiro gole. Bebo até esquecer minha recente ilusão.

Observo o local. Não há ninguém conhecido. Olho o espelho no fundo, me vejo, cabelos bagunçados, pretos e sem brilho, cara de sono.

Observo as garotas para me distrair. Dou nome de letras gregas para elas: Alfa, Beta, Gama, Delta, Kappa, Ômega. Apenas para um modelo de classificação.

Uma delas usava uma saia tão curta, o peito estava tão à mostra e apertado, e, digamos, era tão receptiva aos machos de plantão, que fico na dúvida se a nomeio como Alpha ou como depósito de porra.

Beta tem uma boca enorme e um sorriso de coringa, daqueles que vai de orelha a orelha. Imagino-a fazendo um boquete, daqueles que desce molhando e sobe enxugando o pau. O cabelo dela seria tipo uma alça de boquete.

O bar está bem movimentado. Hoje em dia, as garotas saem mais à caça do que os homens. Eu diria que o bar, hoje, é uma prateleira de puta.

Não me chame de machista por chamar de puta quem não cobra por sexo. Não é falta de respeito. Uma mulher que é respeitada o tempo todo morre de tédio.

Gamma está entre amigas, Delta e Kappa. Saíram em manada, matilha, bonde, como quiserem. Três garotas, três possíveis casos, apenas para refletir.

Três magras e bonitas: às vezes, apenas fazendo o encontro cotidiano delas; às vezes, procurando sexo, às vezes, não.

Duas bonitas e uma feia ou gorda: é aquele pé no saco para os homens. Um terá que aceitar pegar a maior. A gorda, no caso, sabe que, nesse cenário, tem chance de pegar um cara muito melhor do que ela merece, enquanto as outras duas esperam que ela não seja uma empata-foda.

Observação: a gorda é a que mais come na mesa.

Três gordas: definição de inferno na Terra. Caso estejam procurando sexo, definição de esperança.

Hoje, infelizmente, são três gordas do tipo que fala e ri escandalosamente.

Observo-as como se estivesse assistindo um programa do Animal Planet sobre hipopótamos.

Um homem se aproxima da mesa e se apresenta com total confiança e naturalidade. Ele é bem recebido pelas três. Todas querem a sua atenção, e, agora, há uma disputa agora. Elas querem ser a presa dele.

Ele se engraça com todas. Aos poucos, se aproxima da menos gorda, claro. Ele tem prática evidente. Seus modos e seus gestos fazem com que sua aproximação seja fácil.

Fazendo uma rápida analogia, ele parece um chef de cozinha preparando a comida. A diferença é que ele não usa redinhas no cabelo para falar com as mulheres, e, nesse caso, a comida dele é bem gordurosa.

Bom prato, Don Juan. Gamma, Delta ou Kappa.

Ômega parece estar tão desesperada quanto eu para ficar bêbada. Ela está no balcão. O *barman* já deixou a garrafa de vodca ao lado dela, e ela mesma se serve. A cada gole, o olhar dela, um olhar de medo, desespero, procura por algo no bar. Ela está mais desesperada do que um homem sem braço com coceira no cu.

Nossos olhares se cruzam. Talvez eu seja uma letra grega para ela. Talvez ela só esteja observando que eu, a cada gole, olho ao redor, também procurando por algo.

Segunda resenha: Deus versus Diabo

As coisas vão evoluindo. Deus, entediado com todo o universo, dá origem à Terra e à Lua. Observa os organismos, animais, artrópodes, coloca um estagiário na Austrália, cria frutos e vegetais, peixes, répteis. Cria os dinossauros e observa o mundo todo como se fosse um longo filme do parque dos dinossauros, e isso o diverte.

Mas ele se cansa. Entediado novamente, decide extinguir os dinossauros.

Os anjos olham tudo aquilo sem comentar. Trata-se apenas do criador brincando de criar.

Nem todos os anjos acham que Ele é perfeito, ou, ao menos, um deles quer ser igual a Ele, quer brincar também.

Lúcifer trai Deus e é expulso do céu.

A história de Adão e Eva era para ser perfeita, mas eles encontram a serpente, e os humanos, logo cedo, começam a proliferar suas cagadas pela Terra. E não serão poucas.

– *Por que você fez isso, Lúcifer?* – Deus, decepcionado pela primeira vez com a sua criação, a humanidade, pergunta para o capeta.

– *Por que você me deixou entrar no paraíso?* – Devolve o Diabo.

– *Você estava disfarçado.* – Responde Deus.

– *Não é você o ser onipresente e onisciente?*

Terceira ironia do destino: Tom, Kate e Bill

1989 – 26 de novembro – Berlim, Alemanha

– *Esses jovens irresponsáveis e bêbados.*

Irresponsável, sim, mas não estava bêbado. Eu, ao menos.

Estávamos os três no carro: Kate, no carona, Bill, completamente bêbado e insuportável, no banco de trás, e eu, que dirigia tranquilamente e, sempre que me irritava com Bill, aumentava o volume do som.

– *Vai, Tom, conversa comigo. Preciso conversar.*

Volume mais alto.

– *Tom, abaixa um pouco, senão chegaremos já surdos ao show.*

Aquela voz, aquele jeitinho de falar de Kate, era o que me fazia aguentar meu cunhado.

Faltava pouco para o começo do show. Mais um pouco, e eu já não teria que ouvir Bill falar sem parar.

Perdemos tempo no caminho por causa dele. Paramos para ele comprar bebida. Voltamos para ele pegar o narguilé do amigo dele. Paramos para ele mijar. Por mim, não teria dado carona, mas Kate cuidava do seu irmão como se ele fosse o seu filho.

Não estávamos atrasados, mas não podíamos mais perder tempo.

– *Tom, preciso mijar. Para o carro, por favor?*

– *Caralho, Bill, acabamos de parar. Segura um pouco. Logo, chegaremos lá.*

– Não consigo segurar. Para, por favor!

Volume mais alto.

– Para, honey, ele precisa mesmo.

Volume mais baixo.

– Vamos nos atrasar. Não podemos mais parar. Ninguém mandou ele beber igual a um adolescente.

– Para, para, para, para, para, para...

Volume mais alto,

– Honey!

Volume mais baixo.

– Não vou parar, e vocês vão me agradecer por a gente não se atrasar.

– Para, para, para, para, para...

Volume mais alto.

Levei um beliscão na perna.

Volume mais baixo.

– Mija em alguma garrafa.

– Não tem garrafa.

– Mija pela janela.

– Está de brincadeira?

– Honey!

– Mija no narguilé! Eu não vou parar! Se quiser, é isso!

Volume mais alto.

Pelo retrovisor, vejo meu cunhado se contraindo, realmente apertado para mijar. Ele remexe nas suas coisas e pega o narguilé. Internamente, estou dando muita risada, mas não deixo transparecer.

– Não olhem para trás. Aumenta esse volume.

Volume mais alto.

Kate se concentra na rua à frente, para não ver o seu irmão mijar. Parece brava comigo.

Bill está mijando no narguilé de seu amigo. Imagino quem irá fumar naquilo depois. Aumento a velocidade.

– Para, para, para, para, para...

– O que foi agora?

– Vai vazar, vai vazar.

– Honey, para!

Meu Deus, ele encheu o vidro de mijo.

– Joga pela janela!

– Mas ainda estou mijando. Para!

– Honey!

– Não vou parar!

Volume mais alto.

"Sou o pior no que faço de melhor."

Um carro desligado não anda, e é o que minha namorada resolve fazer para ajudar seu querido irmão: enfia a mão na chave do carro e o desliga.

Não sei se você sabe que, em um carro antigo, quando desligado, se você virar o volante, ele trava automaticamente.

Pois bem, carro desligado anda sim, lei da física. Ainda em alta velocidade, volante travado, poste à frente, carro destruído, latas de cerveja, mijo, narguilé, corpos, tudo misturado.

– Esses jovens irresponsáveis e bêbados.

****

Acordei mesmo sem que tenha realmente dormido. Mais uma vez, com ressaca.

Tenho medo de abrir os olhos e, no momento, não lembro o porquê. Aos poucos, lembro o motivo do meu medo, meu pavor, minha fobia.

Fobia, medo exagerado.

Forço-me a abrir os olhos.

Nada.

Faço o sinal da cruz.

Ventre.

Prisão de ventre.

Constipado.

Diarreia pós-ressaca.

Corro para o banheiro, como se eu fosse cagar o mundo, mas cago pouco.

Começo a perceber que o dia não está tão favorável quando vejo que caguei pouco, mas me sujei muito.

Limpo-me uma, duas, três, quatro, cinco, seis, sete, oito vezes.

Penso em tomar um banho. Pego mais um pedaço de papel, esfrego e quase me cago de novo ao escutar.

– Sai logo, cara. Está batendo uma?

Fico bravo comigo mesmo por estar ouvindo vozes, por me deixar amedrontar.

Subo as calças, lavo as mãos e saio, criando coragem. Vou direto para a cozinha.

Denis está parado no meio da mesa.

No meio da mesa.

Atravessado na mesa.

Penso em ir para o bar novamente. Em me esconder.

Ele, com um sorriso no rosto.

Eu, com o medo estampado no rosto.

Observo-o com mais atenção.

Era mesmo o Denis, só que transparente, às vezes mais visível, às vezes, menos.

Usando um *All Star*, bermuda jeans e camisa branca dos Ramones, a que ele sempre usava.

Com um sorriso no rosto.

Mil pensamentos me passam pela cabeça. O que houve? Você veio do passado? Você está vivo? Você está morto?

Mas as palavras não saem. As palavras, tão difíceis para mim, são fáceis para o Denis.

– Esqueceu como se fala? Está bêbado? Drogado? Saudades de mim?

Continuo sem palavras.

Denis começa a andar dentro da mesa. Sinto vertigem. Puxo a cadeira para me sentar e não desmaiar. Fecho os olhos para melhorar. Ao abri-los, não havia mais Denis no meio da mesa.

Ele estava ao meu lado.

Sorriso no rosto.

– Explica o que está acontecendo?

– Explico.

– Explica?

– Explico.

– Então, explica.

– Explicar o quê?

– Porra, Denis.

– Porra, Luiz.

Discutir com aquilo e querer dar um murro nele me faz pensar, primeiro, que eu não deveria falar com fantasmas. Segundo, em como seria fazer isso, socar ele. Minha mão iria atravessá-lo?

– Por partes... – Digo, tentando tomar conta da situação.

– Como diria Jack, o estripador?

– É, é, é, como diria ele. Você é real? Está vivo? Eu estou louco?

– Sim, estou na sua frente, claro que sou real. Você me enterrou há alguns dias, claro que estou morto. Você é meio louco, sim. Mas quem não é?

– Então, tá. Tenho que ir trabalhar. Legal te ver, tipo, descanse em paz, vá até a luz.

Denis desaparece.

Respiro fundo, me viro, e Denis está lá. Com um sorriso no rosto.

– Que feio, querendo se livrar de mim.

– Some, cara!

– Ih, vai chorar?

– Você morreu, cara, descansa, me deixa.

– O mundo de cabeça para baixo, de pernas para o ar, e você preocupado com um amigo fantasma? Sério? Um fantasma amigo ainda.

Aquela palavra, fantasma, me assusta ainda mais.

– O mundo sempre esteve de pernas para o ar, mas fantasma nem sempre existiu.

– Você ainda não sabe o que está acontecendo?

Sorriso no rosto.

– Eu morri também?

Sorriso maior no rosto.

– Não! Você está vivão, cara, nem pensa em morrer. Ainda não.

Sinto um profundo alivio, mas ainda sinto medo.

– Ramones, cara, Ramones. Vai ter show, você não viu o anúncio? Não viu todos falando sobre isso? O mundo só fala nisso.

E foi até a TV e tentou ligá-la, mas sua mão ultrapassou-a. Então, pediu que eu a ligasse.

A TV realmente falava sobre o assunto do momento, a tal pegadinha a respeito do show:

– E a febre sobre o último viral da internet continua. O anúncio que tomou conta do mundo sobre o show da banda Ramones apareceu em mais renomados jornais mundiais, além de sites invadidos por hackers que colocaram o anúncio nas páginas principais. O suposto show já tem data e local. Um evento também criado por brasileiros nas redes sociais chegou a ter dois milhões de confirmados no parque do Ibirapuera. Até o momento, não se sabe muito mais a respeito. Muitos ainda insistem que é uma ação publicitária, mas nenhuma instituição se manifestou ainda. A seguir, mostraremos uma entrevista com membros do fã clube da banda no Brasil. E sexta, no Globo Reporte, teremos um programa inteiro sobre a banda punk, contando a sua trajetória, mostrando os seus fãs

famosos e a repercussão dessa pegadinha no mundo inteiro. Agora, vamos ao vivo para a Paulista, onde jovens estão estendendo faixas, pedindo que o show seja no Brasil.

O repórter continuou a matéria, mas, nesse momento, Denis atravessou a TV, com um sorriso no rosto.

— *Viu? Ramones, cara! E você preocupado com um fantasminha.*

Desligo a TV. Penso em ir dormir, ir ao médico, me internar, beber.

— *Eles estão mortos, você está morto. Acho que você pode vê-los no céu, no inferno, sei lá, mas eles estão mortos, e eu estou vivo, vivão. Não posso vê-los.*

— *Então, pode sim!* — Respondeu ele, com um sorriso no rosto. Notei que estava me atrasando para o trabalho.

A ida ao trabalho foi diferente. Havia um fantasma andando ao meu lado e conversando comigo.

Eu estava louco?

"Estou tão feliz, porque, hoje,

Encontrei meus amigos,

Eles estão na minha cabeça."

Logo ao sair, notei que nem todos podiam vê-lo. Acho que só eu estava louco.

Eu olhava desconfiadamente para os lados. Ninguém o ouvia também.

Às vezes, eu pedia para ele parar de falar comigo. Eu não podia ficar falando assim.

No trabalho, algumas pessoas não falavam comigo, ainda sem jeito, acho. Outras, não.

Danielle, a secretária rabuda, muito gostosa, usava uma blusinha branca por baixo de um blazer também branco, peitinhos salientes, um colar de pedras coloridas que atraíam mais ainda a atenção para o seu decote, uma calça jeans com rasgos, uma botinha marrom com salto, deixando o seu rabo mais rabudo, veio falar comigo. Abraçou-me fortemente, e senti o perfume característico dela, que sempre me deixava com tesão.

Deu um beijo no meu rosto e, com as mãos em meu ombro, deu-me os pêsames pela minha perda. Depois, foi embora, deixando-me lá, de pau duro.

Denis, com um sorriso no rosto, olhava-me.

– *O que foi?* – Pergunto e olho ao redor, para ver se alguém havia notado que falei sozinho.

– *Estou esperando.*

– *Esperando o quê?*

– *Os agradecimentos, oras. Você está tirando proveito da minha morte.*

– *Fica quieto.*

Coloco os fones e começo a trabalhar, para me distrair.

Denis some a maior parte do tempo. Às vezes, vejo-o andando por algum canto, o meu fantasma de estimação.

Certa hora, de outro canto, ele grita:

– *Caracas, tem muito álcool aqui. Vamos dar uma festa? Você rouba alguma bebida? Ninguém sentiria falta.*

Ignoro-o e olho ao redor, para ver se alguém o escuta.

Nada.

Por um momento, até esqueço essa minha esquizofrenia, mas, aí, vejo-o bem ao meu lado, com um sorriso no rosto, trazendo-me de volta à minha vida real.

Real?

Realidade: o que realmente existe, fato, verdade.

O pessoal ao redor está mais agitado do que de costume. Uns passam correndo de um lado para o outro, e vejo muitos saindo mais cedo.

Aumento o som do fone de ouvido. Em breve, mais um dia de trabalho acabará.

Novamente, vejo Danielle se aproximando. Ela me puxa pela mão, longe da vista de muitos. Tiro o fone de ouvido, e ela sussurra:

– *Você o vê?*

Sinto um alívio indescritível, uma sensação ótima de saber que eu não estava louco, sozinho nessa loucura, ou, ao menos, de não ser o único louco.

– *Sim, vejo. Você o viu também?* – Respondo tão baixo quanto ela e sinto uma cumplicidade entre nós.

Danielle dá dois passos para trás e olha ao redor, procurando algo. Há pavor estampado no seu rosto. Mais dois passos, uma corrida, um tropeço. Ela cai, levanta e grita estridentemente:

– *Ele vê fantasmas! Ele está aqui! Temos fantasmas aqui também!*

Pessoas correndo, gritos, mais gritos, mais pessoas correndo.

Até que fico só. Silêncio. Tento entender o que aconteceu.

Denis aparece com um sorriso no rosto. Como se tivesse lido a minha mente, ele fala:

– *Acho que você vai entender logo.*

Quarta ironia do destino: **Chris e Liam**

1980 – 14 de julho – Sydney, Austrália

Sabemos que algumas coisas simplesmente não darão certo. Não é olho gordo, falta de otimismo, nem nada. Simplesmente, algumas coisas não têm como acabar bem. A respeito de outras, não sabemos ao certo como aconteceram.

Diz-se que, se Deus tivesse um estagiário, ele trabalharia na Austrália. Coisas estranhas nascem lá. Lá é tipo a versão beta do mundo. Esse país está repleto de pequenos e grandes bichinhos que podem matar você com pouco esforço. Outros apenas parecem que foram construídos por um cego. Veja o ornitorrinco.

Ornitorrinco: cara de pato, mas mamífero; peludo, não chega a ser aquático, é semiaquático, tem corpo de uma capivara e patas de pato, bota ovo. Um erro na natureza.

Lá, eles têm a píton, uma serpente cujo tamanho varia de 4 a 6 metros, um monstro extremamente forte e que come muito. Há, também, tubarões gigantescos, crocodilos, aranhas, muitas aranhas, aranha pra caralho, águas-vivas gigantes e o peixe-pedra, o peixe mais letal que existe na Terra.

Chuva de aranha. Elas utilizam suas teias como paraquedas e viajam cerca de 1.600 metros. Isso mesmo, mais de 1 quilômetro.

Essas são algumas das outras mil coisas que você irá ouvir sobre esse lugar de experimentos do estagiário de Deus. Acho que lá é o local mais comum para que algumas coisas não deem certo.

Chris e seu irmão Liam estavam se preparando para o show.

Passaram a semana toda se preparando para o show.

Todos nós ficamos ansiosos para ir ao show de nossas bandas favoritas. Fato.

Eles ganharam os ingressos há 15 dias e, desde então, não conseguiam se concentrar em outra coisa que não fosse o show.

Os dois eram gêmeos, loiros, se davam muito bem, tinham 18 anos e seriam biólogos.

Trabalhariam juntos.

Eram estranhos e, como todo australiano, tinham hábitos estranhos.

No caso deles, amavam os animais. Não que isso seja estranho, mas amavam tipos estranhos de animais. Não que a maioria dos humanos não amem humanos, e humanos também são um tipo estranho de animal.

Eles sabiam que a natureza dava um jeito e que, por isso, deveriam aceitar as regras impostas por ela.

Eles literalmente criavam uma cadeia alimentar em casa.

Um criava plantas; outro, os ratos e coelhos.

Um colhia as plantas e alimentava os coelhos e ratos.

Um criava moscas; o outro, aranhas e plantas carnívoras.

Eles as colocavam no mesmo ambiente.

E, assim, todos se alimentavam… Todos, exceto os que morriam.

Era a lei da natureza: produto, consumidor primário, consumidor secundário.

Eles aceitavam isso. Eles amavam seus animais e o ciclo da vida.

Eles pegavam seus ratos e os colocavam na gaiola da sua píton, uma serpente não venenosa, com mais de 3 metros e meio de comprimento.

Criavam um aquário, e a meta deles era, toda semana, colocar um peixe maior que se alimentaria do que já vivia lá.

Acredite, eles amavam seus animais. Mas queriam que eles seguissem o que vieram fazer na Terra.

Era a lei.

Muitos dos seus amigos achavam-nos sádicos, pois viam animais criados por eles mesmos serem destroçados por outros e ficavam felizes e tranquilos com isso.

A píton seria comida por uma ave, uma águia. O problema era que as três últimas aves que tentaram comê-la perderam a batalha.

Eles a alimentavam com pouca frequência. Ela comia bastante, porém demorava muito para digerir.

Atualmente, era a que mais dava medo nos dois. Eles não a entendiam. Ela parecia ser muito medrosa. Sempre que ficava solta, tentava se camuflar, não de uma maneira agressiva. Parecia que era mais por medo.

No dia do show, Liam resolveu dormir até mais tarde. Ao acordar, decidiu que não sairia do seu quarto. Forçou-se a ficar com o olho fechado até que adormecesse novamente. Ele precisava estar descansado.

Depois de não aguentar mais ficar trancado, levantou, escutou o silêncio da casa e notou que tudo estava muito tranquilo.

Começou a remexer em suas coisas, procurando o ingresso do show.

Não o encontrava em lugar algum. Lembrava-se de que, há poucos dias, guardara-o em algum lugar seguro. Pena que não sabia que lugar era esse.

Puxou a gaveta de sua escrivaninha com um pouco de raiva por sua falta de memória, e ela caiu no chão.

Depois de alimentar sua raiva com isso, achou ter sido um golpe de sorte. O ingresso estava lá, no chão, agora, mas lá.

Lembrou-se de que havia guardado-o quando sua mãe ameaçara jogar fora todas as coisas que não estivessem guardadas. Coisas que mães falam.

Acho que por isso era um local seguro, porque estava guardado.

Lembrou-se de que, no dia em que a sua mãe ameaçara jogá-lo fora, ele simplesmente pegou tudo o que estava na sua escrivaninha e jogou para dentro da gaveta. Coisas que filhos fazem.

Tudo o que tinha de fazer agora era separar o ingresso e guardar todo o resto das coisas espalhadas pelo chão.

Ao guardar tudo, recolocou a gaveta no lugar e percebeu que um papel havia ficado para fora da gaveta, no chão.

Ao pegá-lo, interessou-se pelo seu conteúdo. Era um bilhete do seu irmão:

"Não esquece de alimentar a Pí. Essa semana, é a sua vez."

O coração de Liam acelerou. De quando era aquele bilhete? Como ele tinha se esquecido completamente de alimentá-la?

Saiu do quarto. O do irmão já estava vazio. Normalmente, ele era mais matutino. Já devia até ter almoçado.

Quem sabe, se Liam corresse para alimentar a píton, ninguém perceberia que ele tinha esquecido de um dos seus deveres mais importantes.

Chegou ao quarto onde os ratos ficavam. Eles estavam alimentados, e, como havia muitos, realmente a cobra precisava comer bastante.

Normalmente, é isso que equilibra a nossa cadeia alimentar, e, nesse momento, havia mais ratos do que deveriam ter ali.

Por conta de um deslize dele, a cadeia alimentar da casa dele estava ficando desequilibrada. Que biólogo de merda.

Separou 15 ratos. Seria mais do que o normal. Mas, pelo menos assim, as coisas voltariam, aos pouco, à normalidade.

Na caixa, os ratos ficaram agitados e começaram a gritar perto da porta da píton.

Normalmente, eles não percebiam a presença dela. Não é como uma cachorra no cio que chama a atenção dos demais, de longe, ou como uma mulher perfumada, ao entrar no escritório, chama a atenção de um cara.

A caixa se remexia na sua mão com tanta agitação lá dentro.

Com raiva, Liam quase chegou a cair, mais de si mesmo por ter esquecido do que dos ratos. Desejou intimamente que eles morressem mesmo para parar de se mexerem tanto.

Abriu o quarto onde a píton ficava. A caixa em suas mãos mexia mais ainda.

Vai ver havia cheiro de fome no quarto, mas só os ratos sentiam.

Fechou a porta ao entrar e acendeu a luz.

Distraiu-se por um instante, e a caixa balançou mais fortemente em suas mãos. Ela caiu no chão, quase virando, mas ele conseguiu segurá-la. Um dos ratos pulou e fugiu rapidamente.

Nem todos os animais são racionais ou têm um instinto bom.

A píton ficava presa em um recipiente muito grande de vidro, para que ela ficasse o mais próximo do seu habitat.

E não é que é justamente para lá que o rato correu?

Ele some embaixo do armário que sustenta o recipiente, e isso deixa a Píton aguçada.

Liam leva a caixa para perto da Pí. Ele deseja que ela a perdoe por ter se esquecido dela.

O recipiente é repleto de terra, galhos, areia e pedras.

Procura a píton lá dentro, mas, mais uma vez, ela deve estar se camuflando. Os ratos, na caixa, estão quietos, como se estivessem se escondendo da cobra, como se o silêncio fosse salvá-los.

Liam pega o primeiro pelo rabo, para jogá-lo lá dentro. Normalmente, quando o rato cai no recipiente, o rapaz espera tanto a movimentação do rato quanto da píton e, assim, ele descobre onde ela está.

Ao levar o rato até o vidro, há o primeiro sobressalto. Não há tampa. O vidro está aberto.

Após o choque do susto, ele larga o rato lá dentro para encontrar a píton e começa a vasculhar o restante, para encontrar a tampa.

Lá dentro, o rato fica mais tranquilo, como se estivesse mais protegido do que do lado de fora.

Não encontra tampa. Não encontra a píton.

Pega a caixa de ratos, joga todos de uma vez só. Um deles será devorado, ele encontrará a Pí, e, então, ficará mais calmo para encontrar a tampa.

Os ratos caem e correm por todo o recipiente.

Nada de Pí.

De repente, todos param. Afastam-se dele.

Liam nota o movimento rápido ao seu lado. Quando se vira, vê Chris, largado no canto do quarto. Nota a tampa do recipiente. Nota que o rato havia conseguido fugir.

Repara em tantas coisas e entende tudo o que estava acontecendo de um jeito tão evidente que fica em paz quando sente Pí subindo pelas suas pernas, derrubando-o no chão. Ela segura-o de um jeito que ele sente seus ossos espremerem. Ele fica paralisado, sentindo o aperto aumentando, sentindo a pele fria da cobra subindo, com força, rapidamente, até o seu pescoço.

Ela não demonstra amor nenhum por eles.

Mas ele a ama, ainda mais agora por ela dar um jeito na natureza, por ela conseguir seguir a lei do mais forte.

Terceira resenha: Deus versus Diabo

Deus fica feliz com o cultivo de seus frutos na Terra. A humanidade aprende a agricultura, cultiva arroz, inventa a escrita e a roda.

Diabo faz anotações sobre como cultivar plantas venenosas e como usará as rodas para carros de guerras e acidentes.

A humanidade inventa o vidro. Até que é criativa.

Porém… Guerras.

Deus acorda puto da vida e decide inundar tudo:

– *A raça humana tá foda. Vou encher a porra toda de água.*

– *Caralho, Senhor, agora mandou bem, hein? Nem eu teria uma ideia tão diabólica quanto essa.*

– *Eles merecem. Foram longe demais agora.*

Inventam a bússola, a pólvora, telescópio, plástico.

Guerras.

Deus começa a observar a domesticação de carneiros, cabras, ovelhas e outros animais.

Até que ele sente orgulho dos humanos. Às vezes, pelo menos.

Guerras.

– *Eles querem chegar até o Senhor.* – O Diabo, mais uma vez, provoca Deus.

– *Talvez eles não consigam se cada um falar uma língua diferente e não se entenderem.*

– *Você é tão mau quanto eu, afinal.*

Guerras.

****

Não tenho dificuldades para ir embora do trabalho. Ninguém se aproxima de mim. O caminho está livre.

De repente, noto que todos estão olhando para mim. Muitos estão assustados, muitos têm uma dúvida estampada no rosto.

Denis anda do lado, com um sorriso no rosto. É fácil quando ninguém está te vendo.

Entender não era bem a palavra. Não era bem o sentimento.

Denis continuava ao meu lado, andando pela rua. Pensei em ir para casa, para que ele me explicasse o que estava realmente acontecendo.

O mundo, as ruas, as pessoas, tudo estava agitado.

Na internet só se falava disso. A cada clique, mil novas informações.

A repercussão era enorme.

Repercussão, reverberação, reflexão.

Pequenos e grandes jornais, todos os canais de TV.

Não se falava mais sobre esportes, eleições, guerras. Tudo era sobre Ramones. Rumores, ruídos.

Boatos surgiam a todo o momento. Pessoas enlouqueciam.

Novas seitas eram formadas, decidindo o dia em que todos iriam se matar em conjunto, como sempre acontece.

Pessoas esperando o fim do mundo.

Acho que muitas pessoas só precisam de um motivo para se matar. Outras só precisam de uma companhia. Fato.

Acho que é o desejo de saber o dia exato de sua morte.

O que você faria se soubesse o dia da sua morte? Quem nunca se perguntou isso?

E se for daqui a dez anos? Cinco, talvez, nas próximas horas…

E se, ao nascermos, já soubéssemos o dia em que iríamos morrer?

Viveríamos em um caos maior do que já vivemos. Seria impossível controlar as pessoas. Não existiriam muitas regras.

Seria possível prever desastres aéreos, afinal, não poderia ser coincidência todas aquelas pessoas morrerem ao mesmo tempo.

Ou será que elas estariam fugindo da morte?

Seria possível fugir da morte?

Saberíamos o real fim do mundo, pois todos estariam mortos a partir de certa data. Sem essa de seitas, sacrifícios e suicídios coletivos.

O mundo só precisa de um pequeno empurrão para enlouquecer.

É preciso pouco para implantar o caos.

O caos nos atormenta.

E o difícil é se livrar desse caos, de milhares de pensamentos, informações, de tudo o que vai nos consumindo durantes horas e horas e horas e horas, dias, semanas, anos.

Denis sabia onde poderia aliviar a mente. Ele não queria ir para a casa.

Denis queria ir para um puteiro.

Tudo dentro de um puteiro sempre será do mesmo jeito.

Independente de qual seja o seu estado, a situação do mundo, sua situação financeira, sua beleza, se seu time ganhou, se você tem emprego, se tem um amigo fantasma. Nada importa.

Nada.

Você está lá, tem álcool, tem mulheres que irão até você, que irão te oferecer um programa, irão pedir uma bebida, irão se interessar por você, querer sua companhia, querer conversar.

Você irá esquecer dos seus problemas.

Denis está próximo ao palco, onde meninas se apresentam, tirando a roupa e dançando no pole dance.

Há uma japonesa loira, baixinha, bem gostosa. Pelas pernas, você percebe que ela frequenta bastante a academia, curte uma praia, tem um bronzeado natural.

Ela sobe, desce, empina a bunda e rebola no pole dance. Ainda está bem vestida, com um uniforme que imita uma colegial.

Quando me aproximo dele, Denis me olha com raiva, como se fosse minha culpa ele não poder beber.

Ele fica com um olhar distante por um momento.

– Lembra quando queríamos transar, não tínhamos namoradas, não tínhamos amigas que nos fariam esse favor, não tínhamos dinheiro e nem puta podíamos pagar?

Lembro com nostalgia e alegria, até quase começar a sentir tristeza por saber que ele não está mais vivo. Antes que a tristeza tome conta de mim, ele continua:

– Tentamos subir os dois juntos com a mesma puta para ver se, juntando a nossa grana, conseguiríamos uma metida. Passávamos de uma em uma, bêbados, perguntando, dá o cu? Pra dois? Dá o cu? Pra dois? Dá o cu pra dois?

Caímos os dois na risada.

– Que felicidade é essa, garotão? Rindo sozinho?

Tento parecer natural à minha nova colega, uma morena com um corpo definido, magra, mas definida, vestida como se fosse fazer uma corrida no parque: short curto e uma regata branca que contrastava com a sua pele bronzeada.

Penso que a quero.

Digo que o dia está agradável, que apenas estou aproveitando o momento e que vim ver a dança de algumas meninas.

Ela parece não se incomodar. Toda dia ou noite, deve aparecer alguém aparentemente desesperado a ponto de ficar rindo sozinho no meio delas.

Fico sem jeito de continuar a conversa e me foco no palco.

Após um tempo, ela desiste, me dá um beijo no rosto e diz que vai pegar uma bebida para ela.

– Estou com inveja dupla de você. Uma vez pela cerveja e outra porque você pode comer todas essas delícias.

– E por eu estar vivo, não?

A pergunta sai da minha boca sem eu ter realmente criado coragem de perguntar isso, sem saber o que esperar como resposta.

– Morrer não é tão ruim. Nem sei explicar. Uma hora você está lá, na outra, já não está, e pronto. Mas sentir tesão e nem uma punheta poder bater... Isso é um pesadelo, é foda. É a pior parte.

Fico rindo desse desabafo inesperado.

– Pensa. Sempre queríamos ser invisíveis para andar por aí, espiar as menininhas se trocando, mijando no banheiro, tomando banho. Agora, sou invisível, ando por aí, vejo tudo isso, morro de vontade, mas e pra gozar? Desespero. É um pesadelo, é foda. É a pior parte.

Denis volta a ter o olhar distante.

– Lembro de todas as minhas transas. Fico lembrando de quando estava recebendo um boquete, a mina parava, prendia o cabelo. Nessa hora, todo homem sabe que a coisa vai ficar séria, que a mina vai mandar ver. E quando ela fala que você pode gozar na boca dela, então? Deve ser tão bom quanto ser um piloto de avião, estar próximo ao destino e receber permissão para pousar.

Denis e suas analogias.

Analogia: relação de semelhança entre coisas ou fatos distintos.

Sou abordado mais algumas vezes por garotas diversas. Invento desculpas.

Aposto que o fato de eu falar e rir sozinho ajuda a espantá-las.

– *Você consegue ver por baixo da roupa delas?*

– *Sou um fantasma, não o Superman, cara.*

– *Faz sentido. Você transaria com um fantasma? Fantasma fêmea, claro, espero que não tenha virado um fantasma gay.*

– *Claro. Morri, mas não mudei. Sexo sempre é bom, de qualquer maneira. Viva ou morta, eu comeria. Fazer sexo politicamente correto é como ser piloto de avião e ter medo de altura.*

– *Justo!*

Mais uma garota sai do palco, agradecendo os aplausos.

Denis me tira dos meus pensamentos e finalmente começa a falar sobre as novidades.

– *Vai ter um show dos Ramones na Terra, em algum dia, não me lembro a data, mas é logo. Foi organizado pelos anjos e demônios, e acredite, cara, foi aprovado pelo próprio Deus!*

Fico digerindo tudo aquilo.

– *Serão dezenas, centenas, milhares de convidados. Quando cheguei, estava tudo agitado. Havia boatos, e o povo de lá estava muito eufórico.*

Fico imaginando a loucura que é isso: Denis, enfim, no Céu. Espero que seja no céu.

– *Deus estava aflito, muito aflito, com as pessoas de lá, com as pessoas da Terra, com a organização do evento, mas o Diabo citava vários argumentos para convencer Deus.*

Fico imaginando a loucura que é isso: Denis no inferno. Espero que não tenha ido para o inferno.

– Depois de várias discussões citadas pelo pessoal, Deus comunicou a todos que o evento aconteceria. Céu e inferno estavam em festa, como nunca foi visto antes. Disse que, como ele havia pensado e previsto, e o Diabo listado, isso seria um sonho de muitas pessoas, tanto as vidas quanto as mortas. Pessoas descrentes teriam uma prova de que céu e inferno existem e poderiam se tornar crentes. Pessoas que não estavam mais seguindo as diretrizes da igreja voltariam a seguir. Mais pessoas se tornariam temerosas a Deus, entre outros argumentos.

Fico imaginando a loucura que é isso: afinal, onde Denis foi parar?

– Deus tinha medo do caos, das mortes, acidentes e das loucuras que isso certamente causaria na Terra. Mas o Diabo falava que, do jeito que a Terra estava, não havia como piorar, que era necessário algo novo, afinal. Deus, então, confirmou, e o Diabo conjurou uma lista dos convidados mortos e começou a chamar um a um para que eles se preparassem e voltassem para a Terra. A lista era grande, de pessoas que mais gostavam da banda e das que, por algum motivo, não tenham conseguido realizar o sonho de ver os Ramones.

Fico imaginando a loucura que é isso.

– Havia regras, e seria necessário segui-las. Depois disso, começaram a chamar os nomes. A euforia era tanta que as regras ficaram para segundo plano. Chamavam o nome de várias pessoas, das que foram pro céu, pro inferno, das que tinham morrido há muito tempo, e aí chamaram o meu nome, e vim pra Terra, com o aval de Deus e do Diabo.

– Quem veio? De onde? Quem é Deus? O Diabo existe?

– Várias pessoas vieram, de todos os lugares, do céu, do inferno. Não contei quantas eram chamadas, mas eram muitas. Sim, existe, tudo existe, Deus, Diabo, céu, inferno, tudo é real... Tudo dentro do possível do real, claro. Mas, cara, pensava que você estaria mais interessado no show. Ramones!

– *Onde é esse show? Será gravado? Tipo, não existem mais bandas... Bem... Meio que eles morreram...*

– *Cara, eu morri e estou aqui! abra sua mente. Deus deu o aval. Vai ter show!*

No fim, ele está certo. Não tenho como argumentar. Há horas, estou falando com um fantasma. Tudo faz sentido se eu levar em conta que nada mais tem sentido.

– *Como é Deus? Como é o Diabo? Como é o céu? Como é o inferno?* – E, tomando coragem, sabendo que aquela resposta é uma das que eu mais estava esperando, que poderia mudar meu mundo, pergunto: – *Para onde você foi?*

– *Deus é uma voz, forte e grave. Nunca o vi, só o ouvi, mas, quando Ele fala, você sabe que é Ele, você sente. É poderoso. E, pelo que me contaram, ele não fala muitas vezes. Deve ser tipo apresentador de reality show, tipo no Big Brother. Aparece só pra tirar ou colocar alguém lá. O Diabo é um homem, com várias formas, ele aparece como ele quer. Nem sempre você sabe que está falando com ele. Às vezes, é um ser gigantesco, às vezes, um homem muito bem vestido, às vezes, realmente aparece com chifres, rabo, tridente, com um tom de pele avermelhado, emanando calor por onde passa. Mas não sei se essa é sua real forma. Acho que ninguém sabe mesmo. Se eu tivesse que arriscar, diria que ele é um homem muito bonito, que emana luz, que era como ele estava na hora do anúncio do show. Sabe, ele era Lúcifer, o anjo mais bonito e tal. Estava muito elegante.*

– *Afinal, cara, para onde você foi?*

– Não fui para o céu.

Silêncio.

– *Mas irei. Fui para o purgatório. Logo, farei minha passagem para o céu. Não sei como é o céu nem como é o inferno. Posso falar do purgatório. É um salão gigantesco, sem janelas, sem bancos, sem quadros, e suas extremidades não são visíveis. Em um lado, é muito escuro, no outro, muito claro. Um lado é muito quente, o outro, muito fresco. Conforme a pessoa eleva e evolui seu espírito, ela vai andando para o lado claro. Os que irão demorar mais tempo estão bem lá, no canto escuro. Eu estou no meio. Estou satisfeito com a minha avaliação. Acho que hoje sentiria medo de ter ido para o inferno mais do que sentia em vida.*

E sorriu.

– Mas conheço pouco ainda. Não vi quase nada, nem deu tempo. Quando cheguei, já estavam rolando os boatos todos. Mal morri e já voltei. Fora que o tempo passa mais rápido na eternidade. Esse tempo que fiquei lá pareceu apenas minutos. Não cheguei a dormir lá. Não me sentia exatamente cansado também.

Mais tranquilo com o destino de Denis, perguntei do show:

– E o show? O que você sabe sobre ele?

– Não sei nada. Assim que chamaram meu nome, voltei e apareci na sua casa, simples assim.

Antes que eu pudesse perguntar mais, sou abordado novamente, dessa vez por uma ruiva, nariz pontudo, do tipo que já quebrou alguma vez, branquinha, dentes retinhos, praticamente despida, um microshort jeans. Usava um biquini roxo que combinava com o cabelo, era bem novinha e tinha peitos pequenos, mas visivelmente durinhos. Eu a definiria como apetitosa.

– Que noite, que vibe!

– Hoje só vou passar o tempo, moça. Acho que preciso de um tempo sozinho. – Tento ganhar espaço novamente.

– Não estou falando com você. Estou falando com o loirinho sorridente.

Assustados, Denis e eu nos olhamos.

Olho para ver para onde ela olha. Resolvo chamar a atenção dela para mim, tento puxar a sua mão, mas a minha passa no vazio, e não encontro nada.

Assustados, Denis e eu nos olhamos.

Mas ela ainda está lá, no mesmo lugar, a centímetros de mim.

Assustados, Denis e eu nos olhamos.

– O que foi? Viram um fantasma? – Rindo muito, completa: *– Entenderam? Fantasma...*

Assustados, Denis e eu nos olhamos.

– Eita, vocês estão assustados mesmo. Que dupla estranha que vocês formam. Você está aí, todo animado, falando com um fantasma, e, quando vê outro, se borra? E você, então? Fantasma com medo de fantasma? Sério?

Assustados, Denis e eu nos olhamos.

Primeiro da Luma

Luma estava na rua. No começo, apesar de seus 15 anos, era bem confiante. Sabia se virar, sabia o que queria e, ainda mais: sabia o que não queria aguentar.

Sempre foi considerada rebelde e uma ovelha negra na família.

Não suportava o jeito como tudo era. Tanta injustiça, tanta falta de amor. Não suportava como sua mãe era tratada. Tantas ofensas. Pior: tantas ofensas vindas de quem mais deveria apoiá-la, ou seja, seu marido, o pai de Luma.

O dia que ela não queria saber que existia se tornou real mais cedo do que ela imaginava.

Sua mãe partiu para o céu. O câncer havia vencido a batalha. Não que sua mãe fosse fraca. Era uma batalha injusta. Durante toda a sua vida, a mãe de Luma havia batalhado por todos. Nunca deixava ninguém sozinho. Ajudava Luma a entender a vida. Luma nunca havia batalhado por nada sem a ajuda de sua mãe, mas, na batalha pessoal de sua mãe contra o câncer, sua mãe só podia contar com ela mesma. Injusto.

Luma achava que nada seria pior depois daquele dia. Triste mentira.

Pior foi aguentar seu pai colocando outra mulher dentro de casa, na mesma cama de sua mãe, apenas quatro dias depois do enterro. Isso não era justo com ela, com sua mãe, com ninguém.

Luma não sentia mais fome. Sempre que via aquela estranha, sentia vontade de vomitar. Ela era um pouco mais velha do que Luma, devia ter 20 anos, e se vestia feito uma rapariga. Praticamente, não falava com Luma. O pai de Luma tentava evitar o contato com a filha, evitando discussões. Covarde.

Luma iria morrer se continuasse convivendo com aquele tarado que dava tapas na bunda daquela vaca a todo o momento.

Luma iria morrer se continuasse vendo aquela menina de calcinha pela casa, andando pelo seu lar como se fosse sua mãe.

Luma iria morrer, mas não queria isso. Não por ela e, sim, porque achava que, em algum lugar, sua mãe poderia estar olhando para ela, e pensar em deixar sua mãe triste era algo que ela não podia aceitar.

Luma sabia onde seu pai guardava as economias dele. Então, começou a roubá-lo e a esconder todo o dinheiro que encontrava pela casa. Tinha esperança de que seu pai achasse que era a nova namoradinha dele que o estava roubando. Quem sabe, assim, iria expulsá-la de casa.

Já no terceiro dia, o pai notou a falta do dinheiro. Ficou louco, com raiva de tudo. As últimas semanas haviam sido movimentadas, mas ele sabia que havia dinheiro lá e que ele não havia mexido. Ameaçou Luma e quase bateu nela.

Luma mantinha a cara de inocente, e seu pai manteve o controle. Sua filha não o roubaria. Apesar disso, ele não conseguia acusar a nova namoradinha.

Luma disse que, talvez, não fosse legal manter estranhos dentro de casa.

Foi o suficiente para ela levar um tapa.

Foi o suficiente para ela ficar de castigo, em seu quarto.

Foi o suficiente para ela juntar algumas peças de roupa, o dinheiro roubado, documentos e ir embora.

Ir embora para onde?

Luma, cabelos castanhos, longos e cacheados. Sua pele branca não refletia o seu estado.

Por dentro, tudo se tornava cinza.

Luma arrependeu-se de vestir sua calça e jaqueta jeans assim que o frio começou a apertar. Ela sabia andar por São Paulo, pois já havia passeado bastante pelo centro da cidade. Ultimamente, para visitar sua mãe no hospital.

Mas as cidades mudam à noite, e ela sentia que estava em um lugar diferente, menos receptivo e mais perigoso.

Chegou a pensar em voltar para casa, mas esse pensamento sumiu rapidamente de dentro da sua cabeça.

Em toda rua que olhava, havia mendigos e pessoas bêbadas, assim como um clima tenso e violento no ar.

Luma chegara lá de ônibus. Notava que, à medida em que o tempo passava, menos ônibus passavam na rua. Estava ficando tarde. Ela tinha certeza de que havia um hotel ali, só não sabia exatamente onde. Precisava andar e procurar, mas o medo fazia com que ela andasse muito devagar, e isso chamava a atenção de quem a via passar.

Foi abordada por um homem que usava roupas velhas e rasgadas.

Com o susto que levou, fez o homem dar uma risada malvada.

Com o susto, chamou mais a atenção.

Com o susto, fez com que um homem mais novo, em um estado mais decente, se aproximasse. Apesar da aparência um pouco melhor, ele tinha o mesmo sorriso malvado no rosto.

Quando examinou Luma, parecia um lobo olhando uma presa.

– Para onde está indo? – Perguntou enquanto observava ao redor, para ver se a menina estava sozinha.

– Estou esperando alguém.

– Aqui? Aqui parece ser inapropriado para você. Eu tomaria cuidado. Quer me acompanhar? Conheço um lugar mais seguro, e não é longe daqui.

– Não, obrigado. Devo ter chegado antes da pessoa ou errado o local.

Às vezes, é muito fácil mentir quando você está correndo perigo. O medo e o desespero melhoram, rapidamente, o seu raciocínio.

– Venha. Tenho dinheiro comigo. Precisa de dinheiro?

"Com as luzes apagadas, é menos perigoso."

– Eu tenho dinheiro. Não quero nada de você. Digo, obrigada, mas estou bem.

Luma começou a se afastar, mas, rapidamente, o estranho se aproximou de uma maneira ameaçadora.

– Se você tem dinheiro, eu quero ver. Passe ele para mim ou você nunca mais vai encontrar seja lá quem estiver procurando. – Falou o homem, mostrando uma faca pequena que carregava na cintura.

Tremendo, Luma pegou o dinheiro, que foi arrancado de sua mão.

– Nossa! Aqui tem uma boa quantia. O que pretendia fazer com esse dinheiro? Você é alguma ladra ou prostituta?

O estranho não sabe, mas proferiu uma profecia.

– Não, não sou nada disso. Devolve, por favor.

Luma estava chorando, mas não percebia as lágrimas escorrerem.

– Devolvo. Vem comigo aqui mostrar como é que você ganha esse dinheiro que te devolvo. Quanto é que você cobra por programa?

– Roubando de uma criança?

Uma moça linda, vestida elegantemente com um vestido vermelho, joias, pulseiras, colares e com uma maquiagem extremamente chamativa, apareceu ao lado dos dois. Ela não se encaixava naquele local.

O estranho olhou-a com raiva, mas com respeito.

– Não roubei nada! Estava combinando um programa com ela. Ela é uma das suas? Pois, se não for, acho que ela está roubando a sua área.

– Ela não é uma prostituta. Olhe para ela! É apenas uma criança, seu depravado. Vamos, devolva o que roubou dela.

– Não roubei nada. Esse dinheiro é meu.

– Não é não! – Luma falou, finalmente conseguindo coragem para enfrentá-lo, agora que parecia ter uma ajuda.

– Cala a sua boca, piranha. Já falei que te pago o programa, mas, se você quer regular essa bucetinha, ficará sem o dinheiro.

Ele se virou e foi embora. Com fúria nos olhos, Luma ameaçou ir atrás dele, mas a moça a segurou.

– Não vale a pena. Você pode se dar muito mal ali. No geral, pode se dar muito mal por aqui também. Volte para o lugar de onde veio.

– Aquele é todo o meu dinheiro.

Naquele momento, percebendo o choro, Luma se descontrolou e passou a chorar mais intensamente.

– Ele levou muito dinheiro de você?

Com um aceno de cabeça, Luma confirmou, já sem conseguir falar.

– Você não pode voltar para a sua casa? Você tem casa? Cadê os seus pais?

Ainda sem conseguir respondê-la, Luma apenas nega tudo, chorando ainda mais.

Ela é conduzida pela mulher cuja presença a tranquiliza, apesar de tudo.

Ao longe, ela vê o homem que a roubou olhando-as e rindo.

Essa é sua última visão antes de entrar em uma casa, e todo o clima mudar.

Lá fora, havia frio, tensão, violência, pessoas bêbadas e mal vestidas.

Lá dentro, era acolhedor, o clima, alegre. Havia pessoas bêbadas também, mas bem vestidas, tratando umas às outras com educação.

– Sente-se naquelas mesas. Vou levar um cardápio, para você escolher algo para comer.

– Não tenho como pagar.

– Eu sei.

A princípio, Luma pensou que não estava com fome, porém, quando começou a comer, notou que já estava há muito tempo sem se alimentar e comeu como se não houvesse amanhã.

Então, passou a observar ao seu redor.

Em um palco, meninas se apresentavam para homens e tiravam a própria roupa. Com alguns deles, saíam de mãos dadas e voltavam depois de uma hora. Despediam-se com um beijo no rosto, como se fossem antigos amigos. Os homens iam embora, e elas ficavam. Às vezes, logo em seguida, apresentavam-se para outros homens.

A mulher que acolheu Luma levou-a para um quarto.

– *Acho que está na hora de você dormir. Amanhã, conversaremos com mais calma.*

Luma tinha para si um quarto aconchegante. Dormiu tranquilamente…

Na manhã seguinte, foi acordada pela mulher.

– *Vamos. Café da manhã.*

E saiu do quarto.

Seguindo o cheiro de comida, Luma chegou até a cozinha.

A mulher estava sentada em uma mesa e era servida por uma empregada muito feliz.

– *Bom dia. Já estou colocando o seu prato na mesa. Preparei um achocolatado assim que soube da sua visita.* – Disse a empregada.

Luma sentou-se ao lado de sua salvadora.

– *Obrigada, senhora.* – Falou, sentindo vergonha.

– Chame-me de Malu. Não foi nada. Por aqui, não negamos comida para quem merece.

– Digo, obrigada por tudo: ontem à noite, com aquele homem, pela comida...

– Tudo bem. Estou acostumada a enfrentar esses covardes. Eles são fracos, mas são perigosos. Acho que você deve voltar para a sua casa logo. Aqui não é lugar para você.

Chorando novamente, Luma resumiu o que havia acontecido com ela desde a morte de sua mãe.

– Mas não posso te criar. Seria presa por isso e, não se sinta mal, mas também não posso pagar o seu sustento.

– Eu posso trabalhar aqui.

– Já tenho uma empregada. Matilde se sentiria traída, já que está comigo há anos, e não pretendo trocá-la.

*– **Posso** trabalhar como as moças que vi ontem. Vi o que elas estavam fazendo, e elas estavam felizes. Não será uma vergonha para mim. Eu posso fazer isso.*

– Você não pode fazer isso. Acho que você não tem ideia do que elas fazem, garota. Você deve voltar para a sua casa.

– Vou trabalhar aqui! – Luma estava decidida.

– Não vai, não! – Disse Malu, mais decidida ainda.

Quarta resenha: Deus versus Diabo

Deus fica tão feliz com a construção das pirâmides.

– Você está vendo que elas estão sendo feitas por escravos? – O Diabo, sempre esperto, acaba com todo o orgulho que Deus sente dos humanos.

Guerras.

Juntos, Deus e o Diabo assistem aos jogos olímpicos e ambos concordam que aquilo, sim, foi uma criação divina. Deus entende a ironia, mas não tem o que falar, afinal, os humanos acertaram.

– Sério mesmo que eles mataram o seu filho? – O Diabo mal consegue terminar a frase de tanta risada que ele dá.

– Mas eu o ressuscitei. Chupa!

– Eles não foram longe demais?

Guerras.

Começam os trabalhos em ferro, o império romano, pessoas brincando de ser Deus.

A varíola dizima o império.

– Sabia que, um dia, as pessoas irão me culpar por toda essa epidemia? – Pergunta o Diabo.

– Que o culpem. Eu não podia deixar isso continuar. Às vezes, é bom matar as pessoas sabendo que elas nunca irão te culpar. – Responde Deus.

– Você pode ser tão mau quanto eu, afinal.

– Não se esqueça que eu te criei. – Ironiza Deus.

Guerras.

A China inventa o papel e o budismo.

Guerras.

A peste negra mata 100 milhões de pessoas. Fato.

– Sabia que o inferno está ficando lotado? Preciso de mais espaço.

– Acho que pessoas que vão para lá não devem ter conforto. Se eu ampliar o seu espaço, ele servirá apenas como mais local de tortura.

– Você pode ser tão mau quanto eu, afinal.

– Pelo que vejo, os humanos conseguem fazer mais maldade do que eu e você juntos.

– Sua criação.

Guerras.

Criam o motor a vapor.

Titanic afunda…

– Deus, você não vai fazer nada?

– Vou salvar um ou outro, só para documentarem o básico. Quem sabe, no futuro, façam um filme disso.

****

– Caracas! Uma prostituta fantasma. Uma fantasma fêmea gostosa pra caralho!

– *Fantasma, mas não surda. Não precisa gritar e muito menos me elogiar de forma tão grosseira.*

– *Desculpe-me pelos meus modos. Sou Denis, prazer.*

Denis ficou sem saber se dava a mão para ela ou a beijava no rosto. Na dúvida, deu um tchau desajeitado.

– *Sou Luma. E seu amigo vivo, quem é?*

– *Sou Luiz. Prazer.*

– *Acho que estou atrapalhando vocês, mas é que estou tão ansiosa com isso tudo que precisava conversar e, bem, já tentei conversar com outras pessoas vivas e não deu muito certo. Aí, vi vocês e resolvi aparecer, só para me distrair um pouco. Sabe, só até que a minha viva convidada apareça. Ela está aqui, mas está ocupada no momento, resolvendo as coisas da casa até que ela possa ir ao show comigo.*

Aquela fantasma não parava de falar. Cuspia palavras atrás de palavras. Era uma fantasma mulher.

– *Você ainda faz programas?*

– *Cala a boca!* – Luma retrucou Denis, não brava de verdade.

– *Você disse que apareceu para outros vivos?* – Perguntei a ela.

– *Sim. Podemos escolher para quem aparecer. Com o tempo, está ficando mais difícil se manter invisível, mas, quando chegamos aqui, sabíamos exatamente quem nos veria ou não.*

Olhei para Denis, e ele fez uma cara de quem não sabia nada disso. Acredito nele.

– *A maioria dos vivos não está esperando por nada. Acho que, com o tempo, eles vão se acostumar. Alguns já estão aceitando, na verdade. A minha viva aceitou logo de cara. Ficou até muito feliz em me ver. Ela não pode deixar a casa sem ninguém na administração, então já começou a arrumar tudo.*

Algumas das meninas do recinto olhavam curiosas para o nosso lado. Não sei se elas viam os fantasmas.

– Elas estão vendo se você não irá fugir. Algumas delas ainda não se aproximam de mim, mas outras estão aceitando e até ficaram curiosas.

– Elas estão te vendo? – Perguntou Denis.

– Sim, estão. Com o passar do tempo, você também está ficando visível, mesmo quando não quer isso. No meu caso, eu quero que todos me vejam, então elas estão me vendo, sim.

– Terei que parar de ficar espiando as meninas, então?

– Sim. No mínimo, acho que o estado invisível diminuirá conforme os vivos se acostumarem com a gente. Estamos sempre lá. Eles só não estão acostumados.

Nesse momento, além de curiosidade a meu respeito, as pessoas demonstraram, também, medo.

As pessoas são assim. Se você não tem medo daquilo que elas temem, você também começa a meter medo nelas.

Uma mulher elegante se aproximou de nós.

– Vamos, tudo está pronto. Matilde cuidará de tudo até que eu volte.

– Ela não virá, então? Ah, que pena. Seria bom para ela viajar um pouco. – Luma pareceu realmente querer a presença dessa Matilde.

– Melhor ela ficar. Não quero deixar aqui ao deus-dará. Olá, meninos. Espero que aproveitem a estadia de vocês aqui. Minha

casa sempre recepcionou bem nossos visitantes, e, pelo visto, já conheceram a minha Luma. Se são amigos dela, são meus amigos.

Denis ficou impressionado com a naturalidade com que ela falou com nós e mais ainda quando ela olhou diretamente para ele.

– Bem, meninos, foi ótimo conhecê-los. Obrigada por me distraírem. Agora, vou indo. Caso não os veja mais por aí, desejo um bom show para nós! – Disse uma alegre Luma.

– Esperem. Para que a pressa? A conversa está boa. – Disse Denis.

Denis mostrou-se determinado a manter Luma e Malu com a gente. Confuso, olhei para ele.

– É que, bem, não sei muito sobre o show, o local, data, nem... Bem... Nem sobre o céu, sobre mim. E você parece tão confiante com tudo. – Continuou ele.

– Olha que engraçado. É a primeira vez que você está sendo sincero comigo e consigo mesmo, não? – Falou Luma carinhosamente. – *Bem, tirando a parte em que você falou que eu era gostosa pra caralho.*

– Desculpe por isso. – Falou um desconcertado Denis. – *Mas acho que sim. Estou sendo sincero. Acho que precisamos de ajuda.*

– Malu, podemos esperar um pouco mais. Vou entender o que há de errado com esse ser aqui e ver se consigo ajudá-lo. Mas vamos para um quarto lá em cima. Eu sei muito bem que vocês, homens, não se concentram quando há bundas peladas ao redor.

Subimos para um quarto, apenas os três, Malu falou que já tinha ouvido tudo e que iria aproveitar o tempo a mais para deixar sua casa arrumada.

Denis esperou Luma subir as escadas, a fim de que a sua visão ficasse exatamente direcionada para a bunda dela. O movimento de uma mulher ao subir escadas é muito prazeroso.

Ser cavalheiro é legal. Somos gentis, corteses, nobres e dignos, mas por que não aproveitar essas situações, certo?

– *E aí, meninos? O que vocês não sabem?*

Olhamos um para o outro. Fiquei esperando Denis contar tudo o que sabia, mas ele só continuou me olhando.

– *O que foi? Você que veio do outro lado. Eu só sei que você morreu e que, agora, está aqui.* – Eu disse.

– *Bem, só sei que vamos ter o show dos Ramones, que haverá vivos e mortos, que Deus aceitou o evento e, acho, nada mais.*

– *Vocês não sabem nada, então!*

Luma fez um longo discurso sobre o que estava acontecendo na Terra:

– *Essa foi uma das poucas vezes em que houve uma junção entre o céu e o inferno, Deus e o Diabo, anjos e demônios. Essa junção não poderia acontecer nem no céu nem no inferno, pois seria injusto com aqueles que não merecem o alívio do céu nem com aqueles que não merecem a angústia do inferno. Todos os que iriam ao show se encontrariam na própria Terra. No começo da movimentação, algumas pessoas pensavam que era chegado o Dia do Juízo Final, que Jesus estava para voltar, mas não é isso. Aos poucos, o pessoal foi entendendo e se acalmando, até que Deus fez o anúncio oficial.*

– *Até aí eu contei, acho. Você está no céu ou no inferno? Como que é o inferno?*

– *Não fui para o inferno. Nunca fiz nada de errado para ir para lá.* – Retrucou Luma, agora meio ofendida.

– Desculpe. Não quis julgar você, só não sabia como perguntar. – Denis pareceu arrependido. Às vezes, ele realmente não tem tato.

– Você acha que sou uma prostituta gostosa pra caralho que foi pro inferno. É só isso?

Resolvi interromper a briga dos dois.

– Por favor, como é o céu? E continue contando sobre o show.

– É um lugar sereno, cheio de nuvens, mares calmos, água fresca, rios doces e anjos tocando músicas através de harpas. Animais felizes. Longos jardins. Hoje, a Árvore do Conhecimento é vigiada por anjos-seguranças. Deus aprendeu que não pode confiar nos humanos. Nos jardins, temos muitos, muitos cachorros. Mas muitos cachorros mesmo. Alimentos em todos os lugares. Não há lugar tão bom e tão feliz como o céu. Não há guerras nem doenças. Vale a pena ser uma boa pessoa e ir para o céu.

Luma parou para tomar fôlego, criou um suspense e recomeçou a falar:

– O inferno, olha que engraçado, eu sei que é realmente o contrário, quente, não quente tipo Sorocaba, quente tipo o pior verão do Rio de Janeiro, preenchido com um fedor indescritível e sufocante na escuridão, cercado por demônios que ficam torturando todas as almas, sem exceção. Algumas, é claro, as piores, sofrem torturas especiais. Também há rios lá, só que são rios de fogo, rios de gelo, rios com sêmen e sangue de menstruação misturados. Nas margens desses rios, há ganchos de ferro, cacos de vidros e navalhas em brasas. Há diversos precipícios de onde diversos pecadores são jogados, principalmente os que tinham medo de altura. Outros pecadores são jogados em um poço cheio de vermes que os comem por inteiro e bem vagarosamente. Certas pessoas são acorrentadas em ferros em brasa e abusadas por anjos caídos. E a pior parte: toda alma condenada ao inferno deixa de amar, apenas sente crueldade, tristeza e miséria. É possível ouvir a todo momento almas angustiadas querendo lembrar ao menos o que era amar. Acho que

essa parte é pior do que as torturas. Das torturas que já ouvi falar, lembro bem dos caldeirões, nos quais homens e mulheres ficam, por horas e horas, fervendo na água. Tem os demônios que ficam devorando as almas. Esses são os piores, pois, ao contrário do que aconteceria na Terra, que morreríamos quando perdêssemos uma certa quantia de sangue ou órgãos vitais, no inferno, sentimos cada mordida que esses demônios nos dão, pois não morremos lá. Depois que somos devorados, reaparecemos após alguns minutos, inteiros. Sorte é você não aparecer ao lado do mesmo demônio e ser rapidamente devorado de novo.

Nesse momento, escutamos um grito estridente. Demorei a notar que era o grito de um homem. Desesperado. Dei um pulo com o susto que levei. Meu coração disparou, e entrei em pânico com todo esse papo de inferno, torturas e demônios. Acho que foi o pior susto da minha vida.

Olhei ao redor, para ver o que estava acontecendo e vi Luma com uma expressão muito brava, olhando para Denis.

Denis estava com cara de culpado. Tentei entender o que havia acontecido, mas não consegui.

– Caralho, moleque, você não consegue se controlar? – Luma estourou com Denis.

– Desculpa, desculpa. Para de ser tão agressiva comigo. Eu só estava espiando. Nunca tinham me visto antes. Fiquei preocupado com esse papo de inferno e quis me distrair.

– Acabei de falar que, com o tempo, você fica mais visível. O que deu na sua cabeça?

– Eu só queria ver o casal ao lado. Queria me distrair.

Então, entendi o que Denis fez. Ele enfiou a cabeça pela parede, para ver um casal no quarto ao lado que estava transando.

Dei risada e olhei para Denis, que, ao ver minha reação, abriu um sorriso. Nós dois paramos ao ver novamente a expressão de Luma.

– *Vocês vão prestar atenção?* – Tomamos uma bronca de uma fantasma que nos dava muito medo.

Denis se explicou:

– *Fui pro purgatório. Legal saber o que acontece no inferno e tal, mas achei pesado. Fiquei com medo e tentei me distrair, mas, sim, vou prestar atenção.*

Denis parece sincero. Luma aceita e continua:

– *Ok, esquece essa parte, afinal, parece que você não foi tão ruim, então não passará por isso. Bom, a parte que importa mesmo é o show, certo?*

Afirmamos juntos que sim.

– *O show será em Nova York, local escolhido pelo Joey. Eles são de lá, sabe? Foram cogitados, pelo que sei, vários lugares. O local precisava ter capacidade boa, fácil localização e acesso, aí, eles vão tocar na Times Square. Pelo que se sabe, é a primeira vez que eles irão se reunir depois da morte de Joey. Parece que nunca mais eles se falaram realmente. Acho até que os integrantes não foram para o mesmo destino, digo, céu e inferno. Mas não tenho certeza.*

Joey e Johnny, pelo que se sabe, não se falavam mais em vida. Inclusive, Johnny pegou a mulher de Joey e se casou com ela.

Fizemos uma cara de espanto, mas Luma não percebeu.

Times Square: localizada na junção da Broadway com a 7ª Avenida, em Manhattan, onde fica a sede do estúdio da MTV, o que tem tudo a ver com Ramones. E sabemos que esse lugar aguenta o movimento do show, pois, hoje, ele já recebe cerca de 39 milhões de visitantes por ano, tirando o fato de que, no ano novo, esse número é concentrado.

Nossa cara de espanto se deve ao fato de que fica nos Estados Unidos. Na porra dos Estados Unidos!

– A área será fechada apenas para quem for assistir ao show, isso é, várias pessoas que realmente queiram ver o show, as pessoas para as quais o show realmente terá um significado importante, e, é claro, Deus sabe quem elas são. Aí, chegaram à conclusão de que seria um ótimo evento para juntar alguns lados, então, alguns dos mortos vieram para a Terra com a missão de encontrar os "seus vivos" para os levarem até o show. Há exceções, como vivos que não têm mortos, ou mortos que não têm vivos, e, por isso, irão sozinhos. Mas a maioria terá um par para ir ao show. Mas acho que o "seu morto" já tinha explicado essa parte.

– Na verdade, não. – Denis pareceu se sentir quase culpado ao admitir isso. *– Eu fui chamado, corri e apareci no apartamento dele. Ainda nem sabia como as coisas funcionavam por lá. Faz pouco tempo que morri, sabe. Tudo é muito novo para mim.*

Luma sorriu para Denis. Ela pareceu finalmente notar que a alma dele, assim como ele era na Terra quando vivo, é de uma criança travessa, mas sem maldade.

– Não tem problema. Estava bem confuso do outro lado mesmo. No fim, é isso. Teremos um show dos Ramones, poderemos assisti-lo e matar a saudade de algumas pessoas. Após o show, voltamos para a casa, e cada um voltará para o seu lugar. Os anjos e os demônios cuidarão de tudo depois. E a Terra, o céu, o inferno e tudo mais voltarão a ser como era antes. Ou o mais próximo possível do que era antes.

E Luma dá uma risada, sabendo que nada mais será como era antes.

– *Mas quando é o show? Eu não sabia nem o local nem quando seria. Aproveitando, também, como faremos para ir para lá?*

Denis parecia querer falar mais com Luma do que apenas sobre o show. Ele parecia se importar com ela.

– *Teremos aviões nos esperando em quase todos os aeroportos, sem pagar nada. Tudo será cuidado por anjos e demônios. Fiquem tranquilos. Vocês só precisam chegar ao aeroporto, no nosso caso, o de Guarulhos, e viajar. Depois do show, voltamos e pronto, fim. Temos alguns dias para ficar aqui na Terra. O show acontecerá no dia 14 de maio. Depois, todos os mortos voltarão para o seu devido lugar. Acho que isso é tudo o que vocês precisam saber. Aproveitem a companhia um do outro. É legal ver irmãos reunidos.*

– *Não somos irmãos.* – Falamos juntos, Denis e eu.

– *É, somos irmãos, sim.* – Falou Denis. – *Obrigado, Luma. Você, bem, salvou nossas vidas. Não que tenhamos vidas, mas acho que você entendeu.*

– *Não foi nada, meninos. Bom show. Vou acelerar "minha viva", para que ela não se atrase. Os voos começam a decolar a partir de amanhã. Vou avisar a Malu que vocês vão dormir aqui hoje. Não deixem para a última hora. É por ordem de chegada.* – E piscou para a gente.

Luma saiu do quarto, deixando-nos à vontade para ficarmos até quando quiséssemos. Apenas respiramos fundo, para pensar nos preparativos da viagem.

Segundo da Luma

No começo, Luma não trabalhou. Ficava escondida dentro do puteiro. Matilde cuidava dela, fazia tudo o que ela queria comer. De dia, Luma aprendia a cozinhar e, à noite, com os barmans, a fazer bebidas. Ela gostava de todo aquele clima.

Malu, sua salvadora, pouco conversava com Luma. Por dentro, a mulher havia se apaixonado pela menina. Sentia-se responsável por ela. Uma paixão de mãe para filha. Ela viu o sofrimento nos olhos da menina, e isso a incomodou. Quando percebeu que ficara tão incomodada, incomodou-se mais ainda.

Sabia que a menina não podia ser vista por outras pessoas, pois isso suscitaria perguntas às quais ela não podia responder. Poderia ser acusada de sequestro, e ela já tinha muitas questões para responder.

Finalmente, quando saiu no jornal que uma jovem, Luma, estava desaparecida e que seu pai estava completamente apavorado, procurando-a, Malu criou coragem e se sentou para conversa novamente com Luma. Mostrou o jornal e falou que iria ligar para a polícia, a fim de informar o seu paradeiro.

Luma olhava-a incredulamente. Não podia suportar aquilo.

– *Desculpe. Sei que estou dando trabalho e gastos, mas não quero ir, quero ficar aqui. Eu trabalho, eu como menos. Por favor.*

– *Não é por isso, garota. Você não está dando gasto algum, praticamente não come. Mas você precisa de uma vida normal, de estudos, de família.*

– *Quer ser minha família?*

E isso fez Malu desmoronar. Ela não esperava isso, tão cru, tão direto. Malu chorava.

Luma pensou ter dito algo errado. Acho que talvez tivesse ofendido a moça e tentou consertar:

– *Desculpe. Só quis dizer que me senti segura ao seu lado. Você me fez bem, me dando tanto sem pedir nada em troca.*

Malu chorava pelas palavras e sorria pela decisão que acabava de ter tomado.

Uma mistura louca de sentimentos.

Ela queria Luma como sua filha. Ela nunca havia sido completamente correta, e passar por cima de umas leis a mais para criar aquela garota não seria nada demais caso isso fizesse bem para as duas.

Então, abraçou Luma.

Luma percebeu que aquilo era um sinal de que poderia ficar lá. Então, notou que chorava de felicidade. Ela não queria admitir, mas sentia o perfume de sua mãe em Malu, como se fosse um sinal divino.

Luma recebia professores, aprendia coisas do lar e tinha praticamente duas mães: Matilde e Malu. Ganhou identidade nova, documentos praticamente reais, e um sobrenome novo. Trocou Luma Moraes, de seu pai, por Luma Monteiro, sobrenome de Malu. Recusou-se a trocar o primeiro nome, pois era o nome que sua mãe havia escolhido para ela.

Mudou todo o visual. Seria ruiva agora, então, pintou o cabelo de vermelho, porque lembrava o vestido que Malu usava na noite em que se conheceram.

A menina desaparecida nunca mais foi encontrada. O pai dela não aceitou facilmente o seu desaparecimento, mas o superou.

As perguntas que sugiram a respeito da nova menina que se juntara à casa de Malu foram respondidas facilmente com a explicação da sobrinha do interior que veio estudar na cidade grande. Sem mais.

Luma não trazia gastos a mais mesmo. Só sentia falta de suas coisas, seus livros e discos. Malu sempre dava dinheiro para ela, e ela comprava CDs, discos e frequentava shows de bandas de garagem que tocavam nos arredores.

Malu se sentia bem em dar tudo o que a garota queria. Não era sua filha, mas o amor entre as duas era uma mistura de mãe, filha e amigas.

Luma também fez amizades lá dentro com todas as meninas, até com alguns clientes.

Muitos ofereciam para ir para o quarto com ela. A maioria a respeitava muito, pois sabiam que ela era da família da Malu, e a Malu era muito respeitada por todos lá.

Diversas vezes, Luma pediu para que Malu a deixasse fazer programas igual todas as meninas, para ajudar com as despesas. Malu nunca cogitou tal possibilidade. Não que não achasse digno, mas ela sabia que Luma não precisava passar por isso, perder a virgindade dessa forma. Ela tinha dinheiro e apenas aceitava que Luma frequentasse a noite da casa, porque via como a menina ficava feliz com essa convivência. No máximo, deixava que Luma se vestisse como as suas outras meninas, as que trabalhavam para Malu.

Luma era pura doçura, uma linda menina, inocente e virgem. Aquela dor que Malu encontrou nos olhos da menina na noite em que se conheceram nunca mais voltou a aparecer.

****

Denis demorou a me deixar dormir. A televisão mostrava o caos pelo mundo todo. Queríamos ficar vendo as putas lá embaixo, aproveitando a estadia em um puteiro, mas não queríamos abusar da hospitalidade.

No outro dia, acordei descansado. Decidimos ir o mais rápido possível para o aeroporto. Não tinha por que esperar. Procuramos um ônibus, um táxi, qualquer coisa, e Denis falou para roubarmos um carro. Andávamos meio sem direção. Denis e eu éramos bem perdidos.

Não sabíamos como seria feita a seleção dos aviões. Tudo era bem louco para mim, mas até que eu estava aceitando bem a situação. Estava aproveitando a vida ao lado do meu amigo.

Na esquina seguinte, havia um homem que se destacava muito, inclusive pelo belo sorriso e por estar acenando para a gente. Não só para mim, para a gente. Denis também notou.

Fomos atraídos a ele. A cada passo, eu olhava desconfiado. Ainda não sabia se ele era vivo ou morto. Normal ele não era, mas, ao menos, passava muita credibilidade. Parecia estar mais à vontade do que a gente.

– *Olá, rapazes. Aproximem-se, não se acanhem. Vim para ajudar. Até tenho aqui comigo uma placa de "posso ajudá-lo?".*

E, como mágica, uma placa com esses dizeres apareceu pendurada em seu pescoço. Do mesmo jeito que apareceu, desapareceu logo em seguida.

– *Quem é você?* – Perguntei.

– *Deve ser um staff do evento, certo?* – Denis perguntou.

– *Claro, sou um staff.* – Falou com um longo sorriso. – *Ou vocês pensaram que Deus os deixaria sem informação aqui na Terra? Estou organizando uma excursão para o show. Estão interessados?*

– *Estamos!* – Denis foi dizendo.

– Mas já estamos indo para o aeroporto. Não precisa se incomodar.
– Falei por algum motivo.

– Mas será bem mais fácil ir com ele, Luiz.

– Claro que será. Escute o seu amigo. Vamos, tenho um ônibus partindo, tudo open bar e de graça. Estou com uma lista aqui e só preciso que vocês coloquem seus nomes nela.

E, como mágica, uma lista apareceu em suas mãos.

Denis deu um passo à frente.

– Não tenho cane...

– Uma caneta para o senhor, então. – Disse o homem, tirando a caneta de algum lugar.

– Denis, vamos pensar antes de ir de ônibus. Nova York não é aqui do lado. Não sei se é uma boa ideia. Deve ser fácil conseguir um táxi ou uber daqui.

– Cara, é Deus que está organizando. Vamos.

Por algum motivo, eu não queria ir com aquele cara, mas não tinha argumentos para impedir Denis de assinar. Eu não sabia nem como chegar ao aeroporto e nem saberia o que fazer quando chegássemos lá.

Denis pegou a caneta dele.

Denis pegou a lista dele.

– Dou-lhe meu ombro amigo para que você se apoie para assinar. – Disse o homem, virando-se e inclinando-se levemente.

Denis, com um sorriso no rosto, já estava quase assinando quando uma louca veio correndo e o empurrou, gritando:

– *Não! Para com isso!*

A louca era Luma.

– *O que foi? O que eu fiz agora?*

– *Não percebe quem ele é? Você não costuma ler o que você assina, não?*

– *Bem, na verdade, não.*

Fato. Também não leio.

Olhamos para o homem que se manteve calmo o tempo todo, sem nem piscar o olho, nem com o empurrão, nem com o tom agressivo de Luma. Na verdade, ele tinha um sorriso bem irônico perceptível no rosto.

– *Olha que engraçado, vocês estavam vendendo a alma de vocês para o Diabo.* – Disse Luma.

– *Muita coragem da sua parte, pirralha, interferir no meu trabalho.*

Luma não respondeu, na verdade, era perceptível o medo que ela sentia.

Era perceptível a força que o homem emanava naquele momento. Depois que ele perdeu o disfarce, passou a ser fácil perceber que ele era o Diabo. Tudo nele era falso. Como não conseguimos perceber isso antes?

Luma mal o olhava. Ela tinha se arriscado bastante pela gente.

Denis se afastava bastante dele. Eu estava paralisado.

Ele continuava sorrindo.

– *Perdi duas almas por sua causa, vadia.* – Disse o Diabo, como se a ameaçasse.

Luma continuava sem responder suas provocações.

– *Vão, rapazes. Como eu disse, vão para o aeroporto. É de lá que sai o avião. Não precisam de nenhum tipo de assinatura para nada, nem para entrar no show.*

Denis olhava boquiaberto para Luma. A concentração, tudo o que ela fez, mesmo com tanto medo. Era linda aquela garota.

Ficamos esperando o semáforo fechar para ir até o táxi do outro lado da rua.

Luma estava no meio fio da rua, de costas para o Diabo, de modo a evitá-lo.

– *Luma.* – O Diabo a chamou. Sua voz tinha um tom de ordem que era praticamente impossível não olhar, mas Luma seguia firme, inquieta.

– *Luma.*

Luma ficava olhando para o semáforo, agoniada, porque o Diabo sabia o seu nome.

– *Luma!*

– *O que foi?!* – Gritou Luma, virando-se para ele.

Então, ele se transfigurou. Seu rosto ficou em carne viva, chifres descascados de búfalo saíram da sua testa, e, no mesmo instante, ele se aproximou de Luma repentinamente, assustando-a.

Denis deu um passo à frente, para ficar entre os dois. Porém, no último momento ele apenas disse:

– *Bu.*

Luma tropeçou para trás no meio fio, no momento exato em que um ônibus passava.

O ônibus acertou-a em cheio.

Denis gritou desesperadamente. Eu não sabia o que fazer. O desespero dele havia me paralisado. Olhei para o ônibus, que foi embora, e olhei para o Diabo. Ele já não estava lá. Tinha sumido.

Denis ainda gritava quando Luma subiu de volta na calçada.

– *Você está bem? Como? O que houve?*

Denis tentava se recompor, eu tentava me recompor, Luma tentava se recompor, de medo, de raiva. Ela chorava sem perceber, mas como tinha força aquela menina. Era visível que ela não quisera dar o prazer de o Diabo vê-la sofrendo. Quando percebeu que ele já não estava mais lá, gritou, liberando sua raiva.

– *Insuportável, grosseiro, arrogante, irônico.*

– Mas, o ônibus, você, ele... – Denis ainda não havia conseguido se recompor.

– *Cara, fantasma não morre. Não é agradável, mas ele não poderia me matar. Não dessa forma, com um ônibus, não aqui na Terra, não quando minha alma pertence ao céu.*

Explicar o óbvio fez Luma se acalmar. Aquele menino, ao menos, conseguira fazer com que Luma passasse mais rapidamente pelo trauma. Aquele menino fazia-a se sentir mais viva.

– *Ah, entendi. Faz sentido, até.*

– Faz, sim. Aliás, olha que engraçado. Eu sei bem como é ser atropelada por um ônibus. Mas obrigada pela sua preocupação. – Falou ela, cortando o assunto.

A raiva de Luma deu lugar a uma simpatia por Denis. Ela se assustara mesmo, mas ela tinha percebido que ele tinha entrado entre os dois para protegê-la. Pensou em dar uma bronca nele, que não era muito inteligente enfrentar o Diabo, mas achou que ele merecia uma trégua nas broncas.

Luma disse que havia nos notado na rua e que estava nos observando, quando, de longe, percebeu que aquele homem tinha encrenca escrito na testa. Então, notou o que estava acontecendo.

Luma ainda estava esperando "sua viva" fazer tudo o que tinha de fazer. Despedimo-nos novamente dela e agradecemos pela salvação de nossas almas.

Denis e eu atravessamos a rua. Ele estava feliz pela Luma, mas envergonhado. Ele tinha caído na cilada muito facilmente e quase perdera sua alma.

Quando chegamos do outro lado, um taxista gritou:

– Aeroporto? Entrem! Rápido! Última corrida de graça para almas!

Denis correu, e a porta do táxi se abriu. Ficou esperando eu entrar, e corri também, mas, ao chegar à porta do carro, notei um movimento do outro lado da rua. Era Luma gritando de novo com a gente.

– Não, seus babacas!

Olhei, então, para o motorista, mas, antes que eu pudesse ver o seu rosto, ele partiu com o táxi. Denis, que estava quase dentro do veículo, deu um passo para trás. Eu não fui tão rápido, e a porta do táxi bateu com força na minha perna. Mantive-me em pé mesmo com a força do impacto. Em alta velocidade, o táxi desapareceu pela rua.

Senti uma dor muito forte na perna, mas fui distraído pelas novas broncas da Luma.

– *Sério? É sério isso? Vocês são burros? Caralho de moleques. Vou ter que ficar cuidando igual a uma babá?*

Luma parecia transtornada e ela tinha um motivo para isso.

– *Vocês seriam enganados por ele de novo? Em menos de um minuto?*

– *Mas, mas… Você disse apenas para não assinar nada.*

Denis tentava se defender, mas, no momento em que percebi o que a gente tinha quase feito, notei que não tínhamos desculpas ou argumento válido para nossa defesa. Denis pareceu notar isso também.

– *Desculpe e obrigado. Acho que você é um anjo, na verdade.*

Essa frase quebrou a raiva da Luma e deixou-a sem palavras.

– *Se você fosse o Pinóquio, seu nariz cresceria agora.* – Disse ela, quase sorrindo.

– *O pai da mentira é aquele coisa ruim, não eu. O Diabo é tão confiável quanto uma nutricionista gorda.* – Disse Denis.

Luma não pareceu aprovar, mas não conseguiu segurar a risada. Aproveitando a sorte, Denis continuou:

– *Você é tão linda quanto um anjo. Bem, acho que eles são lindos, ao menos.*

– Obrigada, Denis. Tomem cuidado, meninos. Não poderei salvar vocês sempre.

– Ainda vamos nos encontrar? – Perguntou Denis.

– Talvez.

– Espero que sim.

Tivemos a impressão de que Luma sussurrou um "eu também" quase imperceptível. Denis não sabia se era apenas sua mente pregando-lhe uma peça, mas, mesmo assim, sentiu-se feliz.

Devido à batida, percebo que minha perna direita está sangrando da panturrilha à altura do joelho. O corte não parece ser profundo e talvez deixe uma cicatriz, mas nada com que eu precise me preocupar, nada que possa levar minha alma. Mas que dói, dói.

Quinta ironia do destino: Luma

2010 – 10 de março – Santo André, São Paulo, Brasil

Ironia, destino. Algumas coisas têm que acontecer; outras acontecem mesmo com vários motivos para que não aconteçam. Há o que dê certo e não era para dar, e o contrário, claro.

Destino, sina, fado, sorte, futuro, fatalidade, fortuna.

Às vezes, é lindo, às vezes, trágico, às vezes, os dois.

Luma vivia feliz, fato.

Ela se sentia uma menina com tanta sorte. Ela perdera uma mãe, mas ganhara uma família inteiramente louca, nova e feliz.

Todos tratavam-na bem. É fato quando diz-se que ela não voltou a sofrer. Isso é lindo.

Luma nunca brigava com Malu. O amor entre elas era de mãe e filha, de melhores amigas. Uma transformou a outra.

Malu, por viver no meio em que vivia, às vezes, era superprotetora, mas Luma achava que isso era uma demonstração de amor. E amor era tudo o que ela mais valorizava.

Luma estava com 17 anos, mas podia se passar por uma menina de 24. Era linda, madura, tinha uma mente responsável. Os anos que passou com Malu no puteiro ensinaram-na a ver o mundo como ele era. Já faziam quase três.

Sabia que nada era fácil no mundo, que havia ciladas em todos os lugares e que havia pessoas más, mas ela tinha fé na humanidade.

Ela se via como exemplo disso. Não é qualquer um que ganha uma família de um dia para o outro.

Luma era eternamente grata, e isso era visível nela. Doce, pura. Um anjo na Terra.

Luma, depois de muito insistir, conseguiu convencer Malu a deixá-la ir ao show cover dos Ramones. Foi uma longa briga, mas Luma insistiu tanto que Malu notou como era importante para ela.

Luma se arrumou. Ela era linda.

Já conhecia o local do show: quente, abafado, lotado.

Colocou uma roupa curta. Mostrando-se gostosa, seria mais fácil conseguir um local lá na frente. Todos os meninos iriam deixá-la passar.

Colocou uma jaqueta jeans com a cara dos Ramones e um biquíni roxo, que se passava até por um top, dependendo do seu grau de puritanismo.

Mas o problema do destino é que ele, às vezes, não deixa muita escolha.

Luma estava no meio fio, esperando o semáforo, para que ela pudesse atravessar.

Dois jovens que também iam ao show estavam um tanto quanto bêbados e se empurraram e empurraram Luma.

O ônibus não conseguiu frear. Pegou-a em cheio. Antes do show. Na frente de todos.

Triste.

Triste para Luma, para os dois jovens, imprudentes, mas inocentes, para o motorista do ônibus, que nunca irá superar esse acidente. Para Malu, que, até se reencontrar com Luma depois de morta, não se perdoava por tê-la deixado ir ao show. Ao menos, Malu pode conversar depois com Luma.

Luma pode, da maneira mais sincera possível, reafirmar que sim, Malu a salvou. A vida que ela teve com Malu foi ótima. Ela foi a melhor segunda mãe do mundo.

Luma foi direto para o céu. Pura, leve e solta.

Vai ver foi Deus quem quis assim. Ele queria que fosse breve, para deixar o céu mais lindo. Irônico, trágico, bonito.

Quinta resenha: Deus versus Diabo

Primeira guerra mundial.

– Eles não foram longe demais agora? – Pergunta Satanás.

– Ainda tenho esperança.

Guerras.

– Não queria admitir, mas esse Adolf Hitler parece mais meu filho do que seu. Quem será que desceu para a Terra para comer mais uma humana, hein?

Guerras.

– 200 mil pessoas só com dois ataques? – Diabo pergunta para Deus.

– Eles usaram um objeto chamado de bomba atômica. – Deus, decepcionado, responde ao Diabo.

– Eles não foram longe demais agora?

Guerras.

– Você está vendo essa crise de fome que está acontecendo na China? – Pergunta o Diabo a Deus.

– Estou.

– O Inferno não vai aguentar. Já morreram mais de 40 milhões, e o pior: todos eles se parecem. – Resmunga o Diabo.

– Se vira, arruma espaço lá. Acho que tem muita gente já nesse país mesmo.

– Eles vão arrumar um jeito.

– *Duvido.* – Deus responde.

Depois de um tempo…

– *Eles estão comendo cachorros.* – Ri o Diabo. – *Agora será que eles foram longe demais?*

Guerras.

– *Olha que lindo. Olha só, esses irmãos Wright criaram um objeto que voa.* – Deus fala para o Diabo, observando o voo do primeiro avião.

Guerras.

Acontece o 11 de Setembro.

– *Olha que lindo, esses aviões entrando nessas torres.* – Diabo fala para Deus, observando o voo dos aviões entrando nas torres gêmeas.

Guerras.

– *Eles não foram longe demais?* – Lúcifer pergunta.

– *Vamos ver até onde eles conseguem se manter assim.*

– *Não está na hora de fazer um dilúvio de novo?*

****

– *Esperou morrer para se apaixonar?*

– *Cala a boca, Luiz.*

Rio de Denis. Pegamos o caminho para o aeroporto. Caos em todos os lugares, gritos, acidentes, mas, aos poucos, parece que tudo está "normal".

Chegamos ao aeroporto, e as notícias estão mais concretas agora. Vários famosos estavam indo para o local do show através dos aviões de turnês das bandas de rock.

Bon Jovi, Guns, Metallica, todas disponibilizaram seus aviões. E, claro, o do Maiden era conduzido pelo seu comandante, Bruce.

Era uma festa no mundo do Rock. O Rock não morria nem quando morto.

No aeroporto, amarro um pedaço de trapo na perna. O sangramento já havia diminuído.

Para passar o tempo, vamos conversando, para nos distrair.

Denis fala que morrer não era tão ruim assim. Lá, não tem nada de dinheiro. Pelo que diziam, ao menos, sem precisar trabalhar.

Grana sempre é um problema, ou melhor, uma solução, mas a sua falta é foda. Criar um filho sem grana deve ser tenso. Como explicar para o seu filho que o papai Noel não passou na sua casa na noite de natal? Explica que ele veio de canguru, e não de renas, e passou nas dos seus vizinhos, mas, justo na sua, ele pulou. Puro azar.

No aeroporto, somos recebidos por anjos e demônios.

Anjos: difícil descrever. Eles não têm rosto. Parecem que são feitos de plasmas, é pura energia. Tem a forma humana, mas você percebe que é apenas para sabermos com quem devemos falar. Quando andam, ou voam, sei lá, de um lado para o outro, viram pontos, parecendo vaga-lumes, uma luz radiante, bela, cintilante.

Demônios se diferenciam apenas pela cor. Enquanto os anjos emanam uma energia, luz, azul para o branco, demônios emanam uma luz vermelha para o preto. Quando parados, ficavam na forma de um corpo humano e não falavam, apenas apontavam a direção. Ficar perto deles nos dava calafrios ruins. Às vezes, emanavam enxofre; às vezes, pareciam querer nos atacar. Talvez, no inferno, suas formas verdadeiras sejam outras, mas, aqui, eles iriam deixar todos em pânico.

Por incrível que pareça, a organização entre entres era impecável.

Ao chegar, fomos recebidos por um par deles, um anjo e um demônio, e sabíamos de cara que deveríamos segui-los. Eles sabiam quem éramos e onde devíamos ficar.

Acho que seria impossível furar essa segurança.

Recebemos duas propostas: viajar logo e esperar pelo show em Nova York, ou ficar no hotel perto de Guarulhos e viajar depois. No hotel, seríamos avisados do nosso voo.

Percebo que Denis gostaria de saber o que Luma iria fazer, para poder fazer igual. Uma pena que ele não tem como. Eu aceitaria qualquer uma das opções, se fosse para vê-lo feliz e com o olhar de apaixonado de novo.

Resolvemos ir logo para Nova York. Lá, teríamos muito mais para aproveitar e já estaríamos mais perto do show.

Entramos no avião, sempre escoltados por um par de anjo e demônio.

Recebemos roupas em malas pequenas, dessas que você leva dentro do avião.

Recebemos nossos lugares, e, logo, o avião vai se enchendo. Somos avisado sobre a decolagem e a hora que chegaríamos à Nova York, tudo tão bem organizado.

Fico muito ansioso com a decolagem, mas um sentimento de que tudo está onde deveria estar me invade. Algumas horas passam, e o movimento dentro do avião diminui. Com isso, o sono bate. Durmo.

Acordei mesmo sem que tenha realmente dormido. Estava como se estivesse fora de meu corpo. Sinto um tranco e, ao longe, vejo Denis, do lado de fora do avião, na asa. Ele olha para mim, sorri e salta.

– *Denis!* – Grito, acordando de sobressalto.

Todos no avião estão olhando para mim. Olho para o lado e vejo Denis sorrindo e olhando para todos, como que pedindo desculpas. Aos poucos, volto para o que é real e o que era sonho.

– *Assustado, brother? Já estou morto. O que mais poderia acontecer comigo?*

– *É que você... Deixa para lá.*

Tento ver graça no que aconteceu, mas o fato de perder Denis mais uma vez e, mesmo agora, lembrar que mesmo lá ele está morto tira meu senso de humor.

– *Se esse avião inteiro cair, todos voltaríamos assim que chegássemos ao céu ou inferno. Já pensou que louco?*

Vejo que Denis observa uma mulher que está bocejando. Agora, realmente rio muito.

Sei que Denis tem fetiche por mulheres bocejando, porque sempre as imagina fazendo um boquete enquanto bocejam. Ele continuava do mesmo jeito. Isso era fantástico.

Denis me olha e sabe que eu já sei o que ele está pensando. Rimos juntos.

Nostálgico.

Nostalgia significa saudades, saudade idealizada, irreal, pelo passado, e com um desejo sentimental de regresso. Vem do grego, da junção de reencontro com dor.

Mas é uma dor que acho boa, pois sempre terei Denis comigo, no meu coração, ao menos.

Olho novamente para Denis. Ele parece não olhar para nada agora.

Sei que ele tem um macaquinho dentro da cabeça dele e que, muitas vezes, está apenas observando esse macaquinho.

Ele fica lá, apenas indo de um lado para o outro, às vezes, jogando uma bolinha na parede da cabeça, batendo os pratos, pulando, correndo.

E, nessas horas, a mente de quem tem o macaquinho, descansa. Apenas isso.

Sexta resenha: Deus versus Diabo

Muitas vezes, Diabo e Deus conversavam sobre a possibilidade de salvação da humanidade.

Deus escutava as orações, mas a maioria era egoísta. Muitas não deviam ser nem orações.

Diabo sempre quis saber o que as pessoas pediam a Deus, sabendo que isso seria uma ótima arma contra ele.

Uma das coisas que Deus mais odiava na humanidade eram as religiões.

No geral, elas serviam mais para o mal do que para o bem. Fato. Por causa delas, havia guerras, mortes e abusos, muitos abusos.

Cada vez que um padre se preparava para abusar de uma criança, o capeta fazia questão de mostrar que, ainda por cima, eles faziam isso em nome de Deus.

Enquanto isso, na Terra…

O estranho de tudo é que não importa o que aconteça, sejam coisas boas, coisas ruins, coisas sobrenaturais, enfim, qualquer coisa, não importa, sempre haverá as mesmas coisas acontecendo no mundo. Principalmente pessoas tentando tirar proveitos de algum modo.

O mundo virando um caos, mais do que o normal, claro, mas um caos.

Mortos andando pela Terra, pessoas entrando em desespero, outras não querendo mais sair de casa.

Pequenos eventos catastróficos acontecendo. Não os da natureza, pelo contrário, parece que os mares se acalmaram e que a Terra parou de se mexer e provocar terremotos, mas aqueles causados pelos homens: tumultos, confusões, roubos, acidentes, tudo piorando a cada segundo, a cada minuto, a cada hora.

Aí, para piorar ainda mais, a repercussão da igreja e do governo, como sempre, é a pior possível. A igreja falou que tudo não passava de mentiras, que era algum tipo de brincadeira. Irônico, não, pensar que a igreja tem mais dificuldades em aceitar a existência de Deus do que os outros?

O governo, por outro lado, apenas queria saber como poderia atrapalhar todo mundo, proibindo as pessoas de irem e virem. O governo sempre tenta nos prender dentro de nossas casas, nossa prisão domiciliar. Daqui a pouco, haverá imposto para fantasma.

Hotéis de Las Vegas afirmavam que o show seria lá. Faziam ofertas, estampavam letreiros gigantescos. Nada como tentar tirar lucro a qualquer custo. Para eles, a vida não é injusta. O lucro, lá, sempre é maior que o custo.

Os esforços dos hotéis de Las Vegas eram um show à parte.

O show das águas do Bellagio agora aconteciam ao som de Ramones.

MGM deixou de lado as lutas para dar espaço às bandas de rock.

Encore e Mandarin mostravam os maiores letreiros, mas nenhum deles se comparava ao Hard Rock.

O Hard Rock mostrava um show inteiro em holograma dos Ramones.

Nenhum deles teve paciência de esperar. Todos queriam o show, e dinheiro não era problema para eles. Era um show ver, a cada dia, o que cada hotel apresentava.

A maioria tinha preguiça de entender que aquele show não era comprável. Preguiça, aliás, é sinônimo de gente rica. Eles pagam para ter preguiça. Quanto mais dinheiro tiver, mais parado você estará. Não que preguiça seja totalmente ruim. Ela traz coisas boas, às vezes.

O cara que inventou batata rústica tinha preguiça de descascar batata, por exemplo. Pensando bem, não são só humanos que sentem preguiça. Japoneses já colocaram filmes de pandas transando para que outros pandas, ao assistirem, tivessem tesão e transassem, de forma que eles não entrassem em extinção. Ideias de japonês.

Voltando a falar dos Ramones. Limitados musicalmente, o nome deles é uma homenagem ao Beatle Paul McCartney, que se cadastrava com esse nome, Ramone, nos hotéis onde queria passar horas e horas aproveitando sua preguiça.

Seus integrantes eram roqueiros tradicionais, viciados em álcool, só que, ao contrário de muitas outras bandas, eles não conseguiam tocar músicas de outras bandas quando faziam covers.

Joey era lento, porém, bem criativo e se transformava quando estava no palco. Seu próprio irmão não o reconheceu quando o viu cantar no palco pela primeira vez.

Dee Dee se prostituía com homens e mulheres, para sustentar seus vícios em drogas. Acho que ele era um dos poucos que não era preguiçoso. Devia dar muito trabalho conseguir drogas desse jeito.

Quem não conhece a sua história pode pensar que era uma banda sem talento, sem futuro. Mas eles transformaram o mundo e continuam transformando.

Ouvir um show dos Ramones era como tomar vários socos seguidos de um pugilista profissional, em segundos, sem intervalos, e, a cada ano que passava durante a carreira, eles ficavam mais rápidos.

Eddie Vedder, no dia em que os Ramones entraram para o Rock and Roll Hall of Fame, uma homenagem feita às maiores bandas de rock do mundo, disse que os Ramones eram quatro delinquentes do Forest Hills, Queens, armados com músicas de dois minutos que atiravam como uma metralhadora.

Como o próprio Joey Ramone respondeu quando perguntado por que as músicas eram tão curtas: "Na verdade, elas são canções longas tocadas muito, muito, muito rápido".

Enfim...

Tínhamos, agora, mortos andando pela Terra. Não zumbis, fantasmas, e, com o passar dos minutos, horas, dias, só podíamos aceitar. Assim como na maioria das coisas. Acostumamos, aceitamos, e logo o que era estranho vira hábito, vira piada, vira parte do nosso cotidiano. É como sediar uma Copa do Mundo. Primeiro, assustamo-nos com tantos gringos pelas ruas, depois, aceitamos, acostumamo-nos e, quando eles vão embora, voltamos ao que era antes.

Alguns dos mortos aproveitavam os dias livres e iam ao estádio assistir ao jogo do seu time. Alguns não viam isso há anos, outros apenas estavam acompanhando o resto do campeonato que assistiam antes de sua morte. Não deixamos de gostar de algumas coisas mesmo quando morremos. Fato.

Como nem todos se acostumavam, claro, tínhamos acidentes, pessoas tentando matar fantasmas, atirando em outras pessoas por engano.

O carro que tentou atropelar um fantasma atropelou três pessoas antes de passar, sem efeito algum, pelo fantasma. O cara que pôs fogo na sua casa inteira porque recebeu a visita do seu avô morto que, no máximo, saiu defumado de dentro da casa.

Deus tinha medo desse caos e sabia que coisas assim iriam acontecer. Deus não ligava que algumas pessoas morressem. Fato.

E, de fato, a vida aqui antes já era um caos mesmo.

Fantasmas não atrapalhavam, não ocupavam espaços, não comiam, pelo menos, não sujavam, e até tinha os que agora estavam ajudando, passando tudo o que sabiam, ensinando. Tinha quem até estava participando de programas culinários, fazendo receitas, dando dicas e tudo mais.

E os mortos famosos? Que coisa inacreditável.

Tínhamos o Raul Seixas, e a piada que virou moda foi a "pedi para o Raul tocar Raul". Ele gostava e cantava sempre que pediam. Era um show à parte.

"Ei, Raul, toca Raul."

Tínhamos o Kurt andando pela Terra. Ele estava irreconhecível, claro. Não tinha cabeça. Ele foi sentenciado para o inferno por ter se suicidado, mas recebeu passe livre em todos os lugares. Suas músicas salvaram almas e almas na Terra e ainda salvam. Ele foi o porta-voz de uma geração, o Jesus de uma época. Tinha problemas estomacais que lhe davam uma dor insuportável, mas ele tinha medo de parar de sentir dor e, com isso, parar de ser criativo.

Seu desespero maior começou quando percebeu que todos os seus fãs queriam estar perto dele, enquanto que, em sua vida toda, nenhum dos seus pais o queria por perto. Quando adolescente, ele era jogado da mãe para o pai e do pai para a mãe.

Amy, Joplin, Hendrix, Morrison, todo o clube dos 27 estava na Terra, aguardando o show.

Lemmy Kilmister já estava no bar, tentando beber e falando que ele já havia visto Deus quando, em vida, tomou ácido, e podia garantir: o cara era muito mais forte que ele.

Elvis andava como um rei, e ainda ninguém sabia se ele apareceu porque veio dos mortos, ou simplesmente porque resolveu aparecer.

Outras bandas, vivas, anunciaram em conjunto a paralisação de suas atividades para se prepararem para o show, entre elas Pearl Jam, Green Day, Metallica, Iron Maiden, Strokes, Foo Fighters. Todas elas que, de alguma forma, foram influenciadas pelos Ramones.

Enfim, acostumar-se com o anormal é simples, na sua família, na sociedade, no trabalho.

Por isso estamos vivos até hoje. Adaptamo-nos. Mesmo que mortos andem pela Terra, adaptamo-nos. E algumas pessoas, de forma burra, entram com tudo nos assuntos. Tem até quem se matou para entender o que os fantasmas sentiam. Em menos de uma semana desde que tudo havia acontecido, já havia psicólogo de fantasma. Mas o pessoal é rápido, mergulha de cabeça mesmo. É como eles falavam: não basta ser psicólogo, tem que ser fantasma também. Já tinha a corrente "somos todos fantasmas".

É... A humanidade é doida.

Sétima resenha: Deus versus Diabo

– *Sabia que muitos dos seus filhos foram piores do que eu, certo?* – Perguntou Satã.

– *Sei, sim. Acho que, no fim, não deveria ter expulsado você tão rápido. Se eu soubesse que haveria pessoas tão piores, acho que poderia ter revisto sua pena.*

– *Sério, muito piores. Estou vendo aqui. Acho que se eu tivesse encontrado alguma dessas pessoas na Terra, eu teria ficado com medo.*

– *Não precisa exagerar também, Lúcifer. Você não é nenhum anjo.*

– *Sou, sim.*

– *É, é mesmo.* – Deus sorriu. – *Mas de quais humanos você fala?*

– *Bom, veremos.* – Diabo conjurou uma lista em sua mão e começou a lê-la. – *Átila, Napoleão, Hitler, Pinochet, Stálin, Nero, consideraria alguns padres, alguns políticos, Lênin, Mussolini, Saddam, Bin Laden, Manson. E, acredite Senhor, eu nada tive a ver com essas pessoas.*

– *Acredito em você.*

– *Não deveria.* – Disse o Diabo.

– *Eu sei.* – Confirmou Deus.

– *Mas, sabe, não dão a autoria de tudo o que é mau a mim.* – Disse um pensativo Diabo. – *Olha só o rock. Eu diria que é uma das belas criações da humanidade. Sei que não foi você quem o criou, mas foram esses seres que você criou que o criaram.*

– *É realmente uma bela criação.* – Deus sabe que o rock é demais mesmo. – *E, admito, tão espetacular quanto as mais espetaculares criações que eu fiz. Esses meninos, os Ramones, dentre vários outros, são gênios.*

– Não queria te decepcionar, mas falam que o rock é a música do diabo. – Fala Satanás, satisfeito.

– É, quem vai entender essa humanidade?

– Viva o rock. – O Diabo levantou um copo de uísque.

– Viva o rock. – Deus o imitou.

****

A humanidade é doida para o bem e para o mal.

Já pensou se as pessoas morressem e voltassem como fantasmas desde sempre? Que loucura? Seríamos melhores ou piores do que somos hoje?

"Se você não se importar, eu gostaria de explodir

Se você não se importar, eu gostaria de perder

Se você não ligar, eu gostaria de sair

Se você não se importar, eu gostaria de respirar."

Um voo de São Paulo a Nova York demora dez horas, tempo suficiente para descansar. Não que seja possível descansar em um voo, ou em um aeroporto, mas, com todo o peso dos últimos acontecimentos, eu conseguiria descansar até em uma cadeira elétrica.

Esqueço-me de perguntar se Denis também fica cansado. Ele respeitou o meu cansaço e me deixou descansar.

Pensava que era impressionante a organização do aeroporto brasileiro, mas mais impressionante ainda era a desorganização do aeroporto de Nova York.

Em outros tempos, acho que ele até deve ser organizado. Mas acho que, quando o foco do mundo é apenas em uma cidade, não tem como ser organizado.

Tudo estava um caos. Era uma mistura de 25 de março com Morro do Alemão e com fanáticos religiosos.

Parecia que todas as peças da Broadway vieram para as ruas, que as igrejas estavam procurando novos fiéis e que as armas foram liberadas.

Policiais, a todo o momento, tentavam prender e acalmar pessoas que ameaçavam matar, se matar, matar quem já estava morto, matar quem estava vivo, atirar, sem motivo, talvez com motivo, atirar sem parar.

Pessoas descontroladas. Apenas os anjos e demônios pareciam estar em casa. Será que, do outro lado, o caos era normal?

Anjos protegiam as pessoas que escoltavam até os hotéis. As que ficavam histéricas eram rapidamente deixadas inconscientes e levadas numa maca invisível. Fantasmas tentavam ajudar, acalmando as demais pessoas, mas, normalmente, mais assustavam e levavam tiros do que ajudavam de fato.

Nesse caminho todo entre aeroporto e hotel, eu ficava com muito medo de perder Denis de vista.

No hotel, fomos avisados de que não tínhamos quarto. era tudo muito novo. Pelo o que entendi, apenas foi dada uma lista de hóspedes, e os hotéis foram aconselhados a abrigarem as pessoas, mediante pagamento ou não. Esse negócio de ser Deus deve ser legal.

Como ainda estávamos sem quarto, fomos levados para o restaurante, para comer enquanto esperávamos. Denis foi passear por uns minutos. Após um tempo, vejo que ele retornou.

– Tem comida para você. Estava na cozinha, verificando como é que eles estavam fazendo a comida, se ninguém cuspia na sopa, nem com a cabeça de cima, nem com a de baixo. Parece que está tudo em ordem. Pode comer.

Recebo um prato, uma sopa de macarrão, meio sopa, meio macarrão, quase uma canja, quente, gostosa, nutritiva.

****

Nova York.

Nova York era o local perfeito para um show desse tipo. Com todo o caos pelo mundo, ela continua normal. Normal como Nova York é, cheia de turistas.

É uma cidade única no mundo.

Tem um dos melhores planetários do mundo. Será que esse negócio de ter planetários é uma forma de tentar olhar mais lá pra fora, para ver se a gente esquece o que se passa aqui dentro?

Tem a Estátua da Liberdade, presente da França aos Estados Unidos.

O Central Park é totalmente artificial, construído sobre um depósito de lixo.

Topless em Nova York não é ilegal.

Não diria que é um local seguro, mas há mais suicídios do que assassinatos.

É a cidade mais populosa dos EUA, quase 10 milhões de habitantes.

Hambúrgueres.

Táxis amarelos.

Prédios de tijolos marrons e escadas de incêndio do lado de fora.

Frio, garoa, marshmallow.

Dias bucólicos no Central Park.

Wall Street, que tem esse nome por conta do muro que foi construído para impedir que os ingleses entrassem.

Tudo isso em seus cinco bairros: Manhattan, Bronx, Brooklyn, Staten Island e Queens.

****

Denis e eu vamos andando por toda Nova York. Conhecemos os seus 5 bairros, vamos ao museu.

Que cidade foda.

Denis aproveita a cidade, mas volta e meia fala da Luma, da beleza da Luma, do jeito da Luma, de chegar ao céu para encontrar Luma.

Muitas vezes, uma mulher faz um homem ir ao inferno por ela, mas, na maioria das vezes, também faz com que ele vá para o céu.

Os dias viram noites, madrugadas e dias novamente.

A cidade nunca dorme. Nova York.

Passamos de bar em bar, curtindo os dias de férias patrocinados por Deus.

As pessoas já aceitam todos os fantasmas. Que bom seria se todos os preconceitos acabassem assim tão rapidamente também.

O maior problema era o Diabo. Ele estava em todos os lugares e em todos os momentos, disposto a comprar o maior número de almas possível.

Usava todos os trejeitos possíveis. Escapar dele era bem difícil.

Ele jogava com as decepções, testava a sorte, brincava com os medos dos vivos e mortos. O desgosto pelo futuro sem seu parceiro, familiares, companheiros. Tudo era combustível para ele. Criava desconfiança, desesperos. Mentia, iludia, enganava.

Ele não precisava dormir ou se alimentar.

E nem todos tinham uma Luma para os salvar.

Quem sabe Deus depois consiga interceder por essas almas roubadas.

Deus, afinal, tinha razão nos seus receios.

Pior era quando o contrato do Diabo impedia até a ida ao show. Não tem como medir o tamanho da maldade do capeta.

Pelo menos as pessoas que morriam nesse meio tempo antes do show voltavam imediatamente para assisti-lo. Nem dava tempo de sentirem tristeza.

A superação da dor era mais forte e fácil.

Claro que, mesmo querendo ficar com os parentes, o propósito da volta ainda era o show, e isso era controlado de perto pelos diversos anjos e demônios que iam listando as almas.

Todos estão hospedados em Nova York. Todos em seus quartos, com comida e serviços melhores que em um sonho.

A orientação é que, entre a véspera do show e o show, mais ninguém deve sair do hotel.

Estamos em um bar, tudo está movimentado. O relógio marca 22 horas. Pelo o que entendi, dentro de 2 horas, devemos ir para o hotel. Passar um dia e meio lá.

Não que seja difícil. Estamos em um hotel foda, com vista foda e comida foda. Mas o bar não para de lotar. Vivos e mortos, todos ansiosos pelo show.

Pessoas de todos os tipos. Fantasmas de todos os tipos vindos direto do céu, do inferno.

Fantasmas que nem sabem para onde irão ainda.

Todos conversando em harmonia.

Harmonia: combinação de elementos ligados por uma relação de pertinência, que produz uma sensação agradável e de prazer. Ausência de conflitos. Paz, concórdia.

Às vezes, situações como essa mostram que o mundo tem salvação.

O relógio marca duas da manhã.

Conversamos com um casal morto da Grécia. Os dois voltaram para o show.

Com a ajuda de um vivo poliglota, a conversa flui bem.

Um ou outro lembra de vez em quando a ordem de irmos para nossos hotéis, nossos quartos.

Finalmente, o dono do bar recebe ordem direta dos anjos para que ele feche o bar.

Após isso, rumamos para outros bares, mas logo vemos que todos estão fechando. Vamos para o nosso hotel, sem escolhas. Temos bebida nos frigobares.

Outros ficam conversando nas calçadas, deixando os anjos loucos, alguns quase deixando de serem anjos.

A frente do hotel é um verdadeiro caos. Só pode entrar, ninguém mais sai.

Passamos pela entrada. Um anjo até agradece por não tentarmos ficar mais tempo lá fora.

A vista do quarto está linda. Uma ampla janela de vidro, com uma cidade iluminada lá fora.

Clima de alegria e esperança.

Percebo o sono.

Denis fica quieto e pensativo.

Acho que é o momento de deixá-lo pensar.

Deito. Ele me olha, e, em seu olhar, há um brilho a mais, e, em seu rosto, um sorriso de gratidão. Uma das últimas noites dele aqui na Terra.

Durmo.

Sem sonhos, sem pesadelos.

Acordo já bem tarde no outro dia. Descansado.

Por um lado, poderia ter passado mais tempo com meu amigo. Por outro, vejo que Denis teve o tempo de que precisava para ele mesmo.

Ele parece mais feliz e tranquilo.

Estamos a um dia do show. Um dia preso dentro do hotel, mas a um dia do show.

A vista da Times Square chega a hipnotizar.

Prédios, luzes, táxis, luzes, pessoas, luzes, propagandas.

A rua molhada reflete as luzes dos prédios. Não dá para saber onde começa, onde termina. Mil informações, mil luzes, holofotes, cartazes, a selva de pedra mais iluminada do mundo.

Tudo lá reflete.

Reflete sonhos, esperanças, dinheiro e grana.

O foco do mundo está em Nova York, inclusive gastronômico.

Com o mundo inteiro aqui, os chefs de cozinha também vieram para cá, trazendo os principais pratos do mundo.

Pot-au-feu da França, que quer dizer panela no fogo, uma típica carne de panela.

Bulgogi das Coreias, sushis, sashimis.

Goulash da Hungria.

Feijoada.

Paella da Espanha.

Hambúrgueres, caviar, lagostas, massas, peixes.

Tudo o que possa imaginar tem em Nova York.

Claro, havia cerveja, e, nessa noite, ficamos no topo do hotel, vendo a movimentação e tomando cervejas, até que a noite caísse.

Lá embaixo, só andava pela Times Square quem tinha permissão, quem fazia parte da organização. Todos os outros eram afastados e, quando conseguiam passar despercebidos, enfrentavam enjoos e tonturas, como se um campo invisível os forçasse a voltar para onde deveriam estar.

O palco já estava montado. Gigante. Montado bem debaixo de onde a famosa bola da Times Square desce no ano novo.

Um palco sem patrocínios. Único lugar de lá em que você não via propaganda.

Incontáveis caixas de som já estavam dispostas ao redor das ruas.

Seria um ótimo show punk.

Um show para 1 milhão de pessoas, vivas e mortas.

O dia passa rápido, como e bebo, acompanho a maioria dos hóspedes que estão no nosso hotel.

Durmo após o raiar do sol.

Antes de dormir, tudo já parecia pronto lá embaixo. O movimento era bem menor.

O sol veio pontualmente às 6 horas da manhã, dia do show.

Estávamos a 12 horas do show.

Denis está novamente com o mesmo olhar da noite passada. Reflexivo, pensativo, sonhador.

Olho para ele, e ele olha para mim.

– Luma? – Pergunto.

– Luma. – Ele responde.

Dou um sorriso, tentando ser otimista, e falo o que ele quer ouvir. Às vezes, é apenas isso. Precisamos ouvir aquilo que queremos.

– *Amanhã você irá encontrá-la. Tenho certeza.* – Digo.

– *Será?* – Ele pergunta, mas parece feliz.

– *Apostaria.*

– *Adoraria perder essa aposta.*

Ele sorri.

13 hora, show às 18. Mais 5 horas.

Ansiedade.

Como.

Ansiedade.

Tomo banho.

Ansiedade.

Aflição, agonia, desejo veemente e impaciente.

17h. Ouvimos uma sirene. Estamos liberados para ir para a rua.

Descemos e estamos já praticamente dentro do show.

Até nesse show há área VIP. Ninguém mais se livra delas. Uma área destinada aos rock stars e famosos mortos e vivos.

Sinto um arrepio que pega o braço, pescoço, até o fim das costas e voltando. Chega até a alma.

Parecia um toque de anjo. A mente limpa. A vida é boa. Lágrimas enchem meus olhos. Estou lá, vivendo aquilo.

Você sabe que está no lugar certo, na hora certa, no tempo-espaço certo. E, até agora, tudo o que você fez o levou até ali.

Tudo em perfeita harmonia.

Seus ídolos estão ali, a alguns metros, com a mesma expectativa que você. Kurt sem cabeça, Eddie, Janis, Tyler, Axl, David, Sting, Ozzy, Paul, Bono, Bruce, Slash, Fred, Hendrix, Lennon, Chris.

Todos ali, parados, trocando olhares ansiosos, com bebidas nas mãos.

A ansiedade deles é igual à sua.

O palco vazio, apenas os instrumentos, simples, mas potentes.

Um clima surreal num mundo real.

Aos poucos, o barulho vai aumentando, excitação, murmúrios.

Luzes se acendem e apagam no palco.

Pessoas se esticam na ponta dos pés.

Até os anjos e demônios estão curiosos.

Ramones, né.

De repente, a escuridão fica maior. Tudo se apaga.

Alguns notam que até o Diabo parou com suas artimanhas e está ali, no meio de todos, esperando os Ramones.

Ramones, né.

Um estrondo quebra o silêncio.

Ninguém precisa avisar.

É Deus.

A voz de Deus ressoa no ar. Todos entendem.

Não porque é Deus falando, e sim porque o que ele fala é uma marca que é reconhecida por causa deles, desses jovens. Um grito que sufoca gerações.

Deus está apenas puxando um coro.

Ele começa o Hey Ho.

– *Hey, Ho, Let's Go.*

Todos o acompanham.

Ramones, né.

Hey ho, let's go... Hey ho, let's go...

Tudo apagado, a movimentação é grande. No palco, está o motivo da festa. O motivo de tudo isso. O motivo dos milagres.

Do microfone à direita de quem olha da pista, vem o grito: "one, two, three, four!".

C.J. nem termina seu grito, e a pancada começa. O som é alto o suficiente para agradar fãs de Ramones.

Algumas músicas precisam de tempo para serem analisadas. É preciso ouvi-las 2, 3 vezes, mas não com Ramones. Basta menos de 10 segundos para entender o que é aquilo. A pancada vem rápido, forte e potente.

Teenage Lobotomy.

Joey e Johnny mal se olham. C.J. toma conta do backing vocal. Marky, vivo, detona na bateria.

Tudo como uma flecha.

Psycho Therapy.

Eles parecem jovens de 18 anos. Estão todos eles lá.

Quando será que eles se encontraram? Será que conversaram? Será que estavam no céu ou no inferno? Provavelmente cada um foi para um lugar.

Oito jaquetas de couro no palco. Todos os Ramones estão lá. Vão se revezando entre as pancadas. Todos tão entrosados que parecem ter ensaiado por meses.

Nem acaba uma música, e o grito de "one, two, three, four!" ecoa em outro microfone, começando nova música.

Blitzkrieg Bop. Um ataque relâmpago.

Milagre

Começa I Believe In Miracles, e, como se fosse um milagre, Luma encontra Denis.

Também como se fosse possível, Denis fica mais feliz ainda, emana mais felicidade do que todas as pessoas ao redor que também realizam os seus sonhos.

Luma também parece bem feliz. Será que ela o procurava assim como ele a procurava?

– Você sabia que iríamos nos encontrar? – Denis pergunta, radiante.

– Imaginava. É o destino. Confio nele, ele sempre me ajudou. Essa é minha arte de sobreviver.

A felicidade dos dois é intensa. Curtem cada música juntos, conversando e se conhecendo. Cada segundo entre eles parece uma eternidade. Prestam atenção em cada detalhe do outro, cada palavra, sorriso.

Frases soltas que um dia irão se entrelaçar.

Denis agradece mais uma vez por Luma tê-lo salvado do Diabo.

– Você é sensacional. Seria capaz de convencer o Diabo a tacar fogo no próprio corpo.

– Olha que engraçado. Você também deve ter os seus atributos.

– Acho que não. Se tenho, são 29 atributos ruins.

Dão risadas juntos.

– Espero que tenhamos tempo para que você me apresente os 29 e eu decido se irei gostar ou não. Ficarei satisfeita se gostar de 7.

– Se tiver tempo para mim quando eu chegar ao céu, tentarei mostrar.

– Terei tempo suficiente para você. Só tenho um vínculo na vida ou morte até agora, e ele está aqui na Terra. Tirando esse, acho que você é o vínculo mais forte que terei.

Denis brilha ainda mais.

– Vou fazer de tudo para deixar cada vez mais forte, então. Podemos começar quando você quiser.

– Quero começar já. Prometi que, se te encontrasse, é porque você significa algo para mim.

– Fala sério? O que você quer fazer?

– Olha que engraçado: sou praticamente uma aluna exemplar de um colégio de freiras. Se quiser mudar isso, acho que estou pronta.

– Quero dividir com você até o mais obscuro segredo do meu coração.

Um estranho sorriso, um estranho brilho.

Então, um beijo acontece, e a certeza de que um foi feito para o outro é evidente.

Afastam-se em direção ao palco. Chegando lá, afastam-se para trás dele.

Luma, o quase anjo que morreu virgem, está agora com Denis, descobrindo um dos prazeres da vida, ao som de Ramones.

Oitava resenha: Deus versus Diabo

– Caracas, Deus, não acha que está tento muitos terremotos, ondas e desastres naturais demais? Pra que isso? – Pergunta o Diabo.

– Dessa vez, não fui eu.

– Mas você sabe que poderia ter evitado.

– É, tem razão. Pelo menos, não fiz um novo dilúvio.

– E as barragens, acidentes, ataques terroristas, assassinatos de entes e companheiros?

– Isso é total culpa dos humanos mesmo.

– Então, afinal, eles foram longe demais.

– Talvez, sim.

****

Marky não deixa o som parar e emenda Do You Remember Rock'n'roll Radio.

Para onde você olha, tem gente gritando, cantando, chorando.

Ramones.

Fãs e ídolos.

Alguns invadem o palco para pular de volta na plateia, dando um mosh lá de cima. É um show punk, afinal.

Vários artistas conversam entre si, aproveitando cada segundo do show, dos seus conhecidos na Terra, da Terra.

Kurt anda por aí sem cabeça, com uma camiseta escrita "aqui estamos, divirta-nos" e "Deus é gay".

Todas as bandas, músicos e fãs misturados no mesmo palco. Era um show rock com o maior números de celebridades. Metallica andava completo, James Hetfield, Lars Ulrich, Kirk Hammett, Robert Trujillo com os ex-integrantes, inclusive os mortos, todos, Lloyd Grant, Ron McGovney, Dave Mustaine, Cliff Burton e Jason Newsted, andando lado a lado com The Clash e Green Day.

As bandas brasileiras estavam em peso também. Ratos de Porão, todos da Legião Urbana, Titãs, os Paralamas do Sucesso, Capital Inicial, Barão Vermelho, Charlie Brown Jr., Ultraje a Rigor, Skank, todos os Mamonas Assassinas fazendo brincadeiras, CPM 22, Dead Fish, Matanza, Ira, Camisa de Vênus, Velhas Virgens, Planet Hemp, Inocentes e, claro, Raimundos.

Milagres acontecem nessa vida, em outra vida, em todos os lugares, mas foi possível ver os Raimundos andando juntos, sem arrependimentos, sem esperanças, apenas andando juntos, porque é isso que a música faz: junta as pessoas. E eles viveram parte da vida deles por conta daqueles caras no palco. Digão, Canisso, Marquim, Caio, Alf, Fred e Rodolfo Abrantes. Todos juntos, sentindo a sensação que é ver os Ramones ao vivo. Nem tão vivos assim.

Os fãs continuam por lá, os vivos e os mortos, cada um com sua morte ou sua vida. Pedro, mesmo atropelado, podia aproveitar o show.

Lemmy Kilmister diz que, se encontrar Jesus, ele vai matá-lo só para vê-lo ressuscitar.

Ozzy se encontra com um morcego sem cabeça, chora ao vê-lo e pede desculpas pelo equívoco do passado. Tudo parece estar bem. O morcego fica em seu ombro.

Vários se reúnem para entender como é que Keith Richards continua vivo.

Mistura de álcool, drogas, acidentes, idade. Um mito.

Joey manda um boa noite para a plateia e anuncia a próxima música, The KKK Took My Baby Away. Então, vai para a sua direita e abraça Johnny.

A plateia explode. Enfim, tudo está certo.

A música rola. Como sempre, a movimentação é conjunta entre baixista e guitarrista indo para trás e, após algum tempo, voltando para frente. Tudo sincronizado.

Na pista, você vê todos os vivos e mortos que andam pela Terra.

Reencontros emocionantes.

One, two, three, four, baixo e guitarra abaixo da cintura, e mais uma pancada.

Sheena Is A Punk Rocker.

Quanto mais o público delirava, mais rápido eles tocavam. Era impressionante.

Esses garotos eram de outro mundo, agora, literalmente.

Uma música nem acabava, e começava outra.

Surfing Bird.

Você não sabe sobre o pássaro?

Todo mundo sabe que o pássaro é uma palavra.

Tocam em homenagem ao Motorhead que fez, em homenagem aos Ramones, a música R.A.M.O.N.E.S. Lemmy delira.

No telão, aparecem os dizeres de que os aliens da Terra estão reunidos, só esperando para que os discos voadores venham buscá-los.

Raul Seixas espera o intervalo das músicas para gritar "toca Raul!".

Outras ironias do destino

Os carros não bebem, as armas não se vingam, bombas não explodem sozinhas e não são feitas sozinhas.

Tantas pessoas que não tiveram oportunidade de acompanhar um show desses, tantos fãs que nasceram depois da época deles.

Tantos. Tantos.

Piores aqueles que tiveram a oportunidade e perderam.

Ah, como é triste se arrepender por algo feito. Ah, como é triste se arrepender por algo não feito.

Peter e Paul do Texas que morreram em um acidente de carro estavam lá, depois de tantos anos, aproveitando. Morreram juntos, mas, depois de tanto tempo, o objetivo fora alcançado. Podiam descansar.

Descansar ao som dos Ramones.

Tantos acidentes que tiram oportunidades.

Rafael de Porto Alegre também estava lá. Nem sei se ele merecia, mas Deus deve ter achado que sim. Quantas vezes não julgamos as escolhas de Deus?

Tom, Kate e Bill da Alemanha se divertiam. Estavam realmente felizes.

Chris e Liam da Austrália, que foram devorados pela cobra píton, morreram alimentando o seu bichinho de estimação.

Pedro, que morreu atropelado pelo seu chefe, que saiu impune, também circulava pelo show.

Tantas pessoas, tantos vivos, tantos mortos.

Ramones é foda.

****

Denis e Luma voltaram de trás do palco.

– Sou o pior no que faço de melhor. Estou aqui tentando dizer que não sei como explicar, mas já amo você.

– Olha que engraçado, também gosto de Nirvana. Você acabou de usar uma letra do Nirvana. Gosto dos seus atributos, afinal.

Aquela mesma menina que já teve tantas definições sobre si erradas. Tantos julgamentos. Chamada de linda pela mãe que a criou e de puta pelo pai que a abandonou.

Finalmente, o colar de hematomas no coração deixado pelo homem que deveria tê-la criado vai se desfazendo.

I Wanna Be Sedated.

A banda vai tocando. Já são mais de 2 horas, mais de 50 músicas.

Os milagres acontecem.

Parece uma eternidade, pela quantidade de sentimentos, emoções, momentos vividos nesse espaço de tempo.

Para terminar, eles tocam um cover.

Have You Ever Seen The Rain?

Há uma calmaria antes da tempestade. Choverá em um dia ensolarado.

Estou falando da nossa mente, felizes e de alma lavada.

É assim que todos saem do show. Um show que não precisa de bis.

Denis e eu saímos juntos, juntos de nossos ídolos, juntos de Luma, Malu, todos com um sentimento incomum ao dia a dia, aquele sentimento que temos quando sabemos que estamos presenciando momentos únicos. Fizemos parte daquilo.

Lembrei-me que esqueci.

Lembrei-me do machucado na perna.

Esqueci das tristezas.

Lembrei-me das minhas amizades.

Esqueci dos meus problemas.

Lembrei-me das oportunidades.

Esqueci das reclamações.

Lembrei-me de Denis.

Esqueci da morte.

Lembrei-me de Deus.

Esqueci das dores.

Lembrei-me dos sonhos.

Esqueci de desistir.

Lembrei-me de mim.

Esqueci das vinganças.

Lembrei-me de quando era uma criança.

Esqueci das decepções.

Lembrei-me dos milagres.

Esqueci de esquecer.

Lembrei-me de lembrar desse momento.

Denis e eu somos do tempo em que amigos são amigos para sempre.

Para quem fosse olhar o mundo, lá de cima, vendo todos os erros, tudo o que estava errado.

Tudo errado, mas tudo bem, tudo quase como eu sempre quis. Ramones, amigos, família.

Tudo tão lindo. Acho que o rock foi criado por Deus mesmo.

Chegando ao aeroporto, ainda todos juntos, somos levados para um local de onde sairão voos para o Brasil.

A maioria é brasileiro, mas, por alguns minutos, o mundo está em harmonia.

Infelizmente, isso não durará.

Logo, guerras e desavenças voltarão ao topo das paradas.

Vários grupos cantam músicas dos Ramones.

Em algum local perto dos brasileiros, um rapaz cantarola uma música, e ela vai crescendo junto com todos. É tão bonito e tão triste.

Cantamos juntos Cassia Eller.

"Mudaram as estações, nada mudou

Mas eu sei que alguma coisa aconteceu

Tá tudo assim, tão diferente

Se lembra quando a gente

Chegou um dia a acreditar

Que tudo era pra sempre

Sem saber que o pra sempre

Sempre acaba

Mas nada vai conseguir mudar o que ficou

Quando penso em alguém, só penso em você

E aí, então, estamos bem

Mesmo com tantos motivos

Pra deixar tudo como está

Nem desistir, nem tentar

Agora tanto faz

Estamos indo de volta pra casa."

Todos se olham. Sabemos que o momento da separação está chegando.

Não queremos pensar sobre isso, não queremos acreditar.

Mas é fato.

Luma também sabe, ela que terá duas separações. Denis e Luma se despedem.

Luma diz:

– *Olha que engraçado. Quando você chegar no céu, vou fingir que nunca te vi.*

– *Eu já estou no céu. O céu para mim é ao seu lado. Onde eu te encontrar será o meu céu.*

Luma sorri e beija Denis.

– *Já consigo me imaginar no céu e ver você usando minha camiseta, sua roupa jogada no chão e seu cabelo bagunçado.*

– *Estarei te esperando. Comporte-se.*

Denis, então, vem até mim. Não estou preparado. Mas nunca estive, nem nunca estarei. Fato.

Denis, com seu sorriso no rosto. Seu brilho no olhar.

– *Tudo bem. Há outros mundos além desse.* – Ele diz. E, agora, sabemos que isso é verdade.

– *Viver com você foi foda.*

Como se estivessem apenas esperando o nosso encontro terminar, anunciam que os mortos irão retornar para o céu, inferno, limbo.

A comoção é intensa. Todos reclamam, gritam, esperneiam, choram, mas, aos poucos, eles começam a sumir.

Denis pisca para mim, com um sorriso no olho.

– Não chore feito uma menininha.

Eu choro feito uma menininha.

Ele olha para Luma e acena. Ela acena de volta para ele e para Malu.

Desaparecem.

Já não estou escutando o que está acontecendo.

Estou fora de mim. Apenas me deixo ser levado.

Sou colocado no avião.

Ele não demora muito para decolar.

Não sei se estou acordado ou dormindo.

Tenho sonhos, ou ilusões, com o Denis.

Sonho com Denis, com o show. Acordo. Denis não está mais lá.

Sonho de novo, acordo, e Denis não está mais lá.

O sono é leve.

Entre piscares de olhos, vejo o movimento no avião, e a viagem vai passando.

Sobrevoamos o Brasil. Denis não está mais lá.

Sobrevoo o Brasil. Estou só agora. Denis não está lá.

Não me sinto triste.

Não sei explicar.

É como quando aceitamos a morte.

Não a superamos, mas aceitamos.

Denis não está lá.

Não sei como o mundo está se comportando.

Logo terão novidades.

O mundo seguiu adiante.

Desejo que Denis não demore muito para encontrar Luma.

Desejo que Malu viva bem sem a Luma.

Desejo que todos superem e tenham ótimas vidas até o momento de nos encontrarmos novamente com aqueles que nos deixaram.

Agradeço com mais força a Deus por todos os momentos vividos.

Perdido em meus pensamentos, chego na minha casa.

Estou muito cansado. Caio na cama e fico em silêncio, para tentar ouvir a voz de Denis. Nada.

Adormeço.

Acordei mesmo sem que tenha realmente dormido. Estava como se estivesse fora de meu corpo. Era como flutuar, tão tranquilizador, tão leve.

Estava feliz. Estava leve. Estava tranquilo.

Olho ao redor. Estou meio confuso, não sei o que é sonho, o que é verdade.

Será que estava sonhando?

Tudo está tão normal.

Apenas sinto uma dor na perna direita, na altura do joelho até a panturrilha. Um machucado recente está lá.